# OCCUPATION ET BATAILLE

DE

# VILLIERS-SUR-MARNE

## ET DE PLESSIS-LALANDE

PARIS. — IMPRIMERIE DE E. DONNAUD, RUE CASSETTE, 9.

# OCCUPATION ET BATAILLE

DE

# VILLIERS-SUR-MARNE

ET

# DE PLESSIS-LALANDE

## UN ÉTAT-MAJOR PRUSSO-WURTEMBERGEOIS.

### CONTRIBUTION A L'HISTOIRE DE L'INVASION DE 1870-1871

PAR

## LE D<sup>r</sup> LOUIS FLEURY

Professeur agrégé à la Faculté de Paris,
médecin en chef de l'Institut hydrothérapique de Passy,
membre de la Société d'anthropologie, de la Société anatomique,
de la Société de médecine de Marseille,
des Académies de médecine de Belgique, d'Espagne, etc.

« La force prime le droit.
BISMARCK.

« L'on prend quand on peut.
FRÉDÉRIC LE GRAND.

*PARIS*

LIBRAIRIE INTERNATIONALE

A. LACROIX, VERBOECKHOVEN & C<sup>ie</sup>, Éditeurs

13, *faubourg Montmartre, et* 15, *boulevard Montmartre*
Même maison à Bruxelles, à Leipzig et à Livourne

1871

# ANTE-SCRIPTUM

Dans une conversation qu aurait eu lieu à
Versailles en septembre 1870, entre M. le comte
de Bismarck et un diplomate anglais, conversation qui a été reproduite par toute la presse eu-
ropéenne et qui n'a pas été démentie, le ministre
prussien, s'élevant aux plus hauts sommets de la
philosophie historique, aurait déclaré que les
malheurs subis aujourd'hui par la France sont le
produit fatal de l'évolution naturelle des peuples.

Voltaire, que M. de Bismarck aime, paraît-il,
à citer, avait dit :

Chaque peuple à son tour a brillé sur la terre,
Par les lois, par les arts et surtout par la guerre ;
Le temps de l'Arabie est à la fin venu.
Ce peuple généreux, trop longtemps inconnu,
Laissait dans ses déserts ensevelir sa gloire ;
Voici les jours nouveaux marqués pour la victoire.
Vois l'empire romain tombant de toutes parts,
Ce grand corps déchiré, dont les membres épars
Languissent dispersés sans honneur et sans vie ;
Sur ces débris du monde élevons l'Arabie.
Il faut un nouveau culte, il faut de nouveaux fers,
Il faut un nouveau dieu pour l'aveugle univers.

M. de Bismarck se fait aujourd'hui l'écho de

1

Voltaire, en substituant, toutefois, à l'Empire romain la France, et à l'Arabie.....

— L'Allemagne?

— Non ; la Prusse!

M. de Bismarck déclare que le règne des races latines est fini et que le dieu de Bossuet et de Fénelon doit céder la place au dieu de Luther et de Calvin; il se proclame le Messie de la religion universelle de l'avenir, et d'une régénération sociale devenue nécessaire ; c'est de lui que datera l'ère « d'une *nouvelle civilisation, fondée sur la liberté,* » *sur la justice, sur le droit et sur le devoir* » (sic).

A l'heure lugubre où je commence ce douloureux récit, j'ignore encore le sort que le destin réserve à mon pays, mais je connais déjà la *Civilisation* dont M. de Bismarck doterait le monde, si la fortune des armes devait lui rester fidèle jusqu'au bout; je connais la manière dont ce soldat, devenu homme d'Etat sans cesser d'être soldat, comprend et pratique la Liberté et la Justice, le Droit et le Devoir, et je crois qu'il est bon de dévoiler à l'opinion publique de l'Europe un

système qui ne serait rien moins que le renversement, au profit du *droit du plus fort,* de tous
les principes de liberté, de justice, de droit et
de devoir que la conscience universelle a intro-
duits dans le code des nations qui ne sont pas
encore courbées sous le joug de la *civilisation*
dont nous menace M. de Bismarck.

Ce que je vais dire, je l'ai vu, entendu et souffert ! Dans l'exposé des faits, comme dans les appréciations dont ils seront l'objet, j'affirme que
je me tiendrai plutôt en deçà qu'au delà de
l'exactitude et des principes les plus élémentaires
du droit des gens et du droit international. Les
douleurs de mon patriotisme, les tortures morales qui m'ont été infligées, les souffrances physiques que j'ai subies, l'anéantissement d'une
situation laborieusement acquise par trente
années de travail — situation que mon âge et
ma santé ne me permettront probablement plus
de rétablir — n'ont altéré ni la rectitude de
mon jugement ni l'équité de mes sentiments ;
j'écrirai avec l'impartialité qui fait la force et la
vertu de l'historien.

Les actes que je vais retracer, n'ont d'ailleurs pas été accomplis dans un obscur et petit village, par une soldatesque indisciplinée, abandonnée au commandement de quelques officiers subalternes. Non! ils sont l'œuvre d'un état-major et de troupes d'élite commandés par l'un des principaux généraux de la Prusse; ils ont été perpétrés sous les yeux de chefs d'un grade élevé et souvent par les chefs eux-mêmes; ils ont eu pour théâtre une localité importante qu'ont visitée le grand-duc de Mecklembourg-Schwerin, le duc de Saxe-Weimar, le comte de Moltke, le général Fransecky et le comte de Bismarck lui-même; qui a été le champ de bataille le plus sanglant du siége de Paris; en un mot, Villiers-sur-Marne et Plessis-Lalande, où ils ont été constatés par des témoins dignes de foi.

Les faits dont je veux parler ne sont pas exceptionnels, je ne le sais que trop; ils sont analogues à ceux qui se sont produits sur tous les points de la France envahis par l'ennemi; mais ils ont ici des caractères qui leur donnent une valeur toute particulière, et qui réside dans la nature même des faits, dans les conditions au milieu desquelles ils ont été accomplis et, enfin, dans la personne du narrateur.

Je crois, en effet, qu'il est en France peu d'écrivains qui se soient trouvés placés dans une situation semblable à la mienne ; qui, pendant trois mois, aient vécu au milieu d'un état-major allemand ; qui en aient observé tous les mouvements ; qui, en présence des phases les plus diverses de la guerre, en aient suivi et analysé toutes les pensées, tous les sentiments ; qui, dans des circonstances aussi favorables et aussi décisives, aient pu étudier sur le vif le caractère national de nos ennemis et les passions qui les agitent ; qui aient pu, en un mot, tracer un tableau aussi vrai, aussi complet et aussi authentique.

En décrivant l'occupation de Villiers-sur-Marne et de Plessis-Lalande, je me propose, d'ailleurs, un but général d'un grand intérêt historique et philosophique ; je désire et j'espère provoquer de nombreuses manifestations analogues, et j'adjure tous les bons citoyens de vouloir bien m'adresser, ou de porter directement à la connaissance du public, les notes,

pièces, documents quelconques qu'ils pourront
rédiger ou se procurer, à l'effet de contribuer à
répandre une éclatante lumière sur l'ensemble et
sur les détails, sur les caractères particuliers et
sur la nature générale de l'exécrable invasion
dont nous sommes redevables au second empire!

Il importe d'établir, dès à présent, aux yeux
du monde entier, d'une manière péremptoire et
sans contestation possible, que nos sauvages ennemis ne se contentent pas d'user du droit le
plus rigoureux de la guerre pour repousser — et
punir — l'absurde attaque dirigée contre l'Allemagne, par un souverain en délire, mais qu'ils
poursuivent de leur haine aveugle, de leur stupide
jalousie, de leur basse envie la nation française,
et qu'ils s'efforcent, par le meurtre, le pillage et
l'incendie, de consommer la ruine matérielle et
morale, politique et économique de notre malheureuse patrie !

De là, ce spectacle monstrueux donné à l'Europe civilisée de notre époque ! Un roi, qui fait
intervenir Dieu dans chacun de ses bulletins, et
qui forfait à sa royale parole en refusant de
signer la paix à Ferrières, après avoir itérative-

ment déclaré à la face du monde, qu'il faisait la guerre, non à la grande et noble nation française, mais à l'empereur Napoléon III ; de là, ces machinations infâmes qui substituent : à la guerre héroïque et loyale de nos pères, la captation, les trahisons, le plus abominable des espionnages ; au courage, les fonds secrets ; à la baïonnette, les canons à longue portée, masqués par des tranchées, des fascines, des gabions, des remparts de terre ; de là, cette nouvelle tactique qui, dans le siége des villes fortes, épargne les fortifications, pour détruire, avec des canons invisibles et inaccessibles, les monuments publics, les églises, les hôpitaux, les habitations privées ; qui réserve ses obus et ses grenades pour les femmes, les enfants et les vieillards ; qui remplace les assauts par la hideuse famine ; tactique odieuse et lâche, qui n'hésite pas à bombarder et à incendier des villes ouvertes et jusqu'à de pauvres villages.

De là, ces *otages* placés sur les locomotives des chemins de fer, ou traînés jusqu'aux confins de l'Allemagne sous les prétextes les plus injustes, les plus futiles, les plus absurdes ; ces mises à mort de maires placés dans l'impossibilité absolue de satisfaire à des réquisitions exorbitantes ; ces violences contre des Français refusant de coopérer de leurs mains à la ruine de leur patrie, contre des prêtres ne voulant pas consentir à mettre leur influence sacerdotale au service des envahisseurs. De là, ces francs-tireurs fusillés ou pendus, ces femmes massacrées, éventrées ! De là, toutes ces férocités, toutes ces atrocités que n'ont pas dépassées les guerres des temps barbares !

De là, ces vols, ce pillage, ces incendies, ces destructions inutiles et sans motifs qui couvriront d'une honte indélébile les armées allemandes, et qui n'ont pas encore donné une satisfaction suffisante à leur haine sauvage et à leur brutal amour de la destruction.

Oui ! — je le répète — il importe d'établir, *dès à présent*, les caractères de l'invasion que nous subissons et de fournir au jugement de la postérité des jalons certains, car déjà les sophistications historiques se produisent de toutes parts sous deux formes principales : ceux-ci expliquent, excusent, justifient ; ceux-là trouven

plus simple et plus commode de nier impu-
·demment.

« De quel droit vous plaignez-vous? disent les
» uns ; n'avez-vous pas été les agresseurs?
» n'êtes-vous pas les vaincus ? Nous faisons la
» guerre comme vous l'avez toujours faite vous-
» mêmes, comme vous l'auriez faite encore si
» vous aviez été les vainqueurs. La guerre
» n'est-elle pas l'art de causer à l'ennemi la plus
» grande somme de mal possible ? Pour attein-
» dre ce but, tous les moyens efficaces ne sont-
» ils pas légitimes ? Tous les actes dont vous
» vous plaignez et que vous incriminez ne sont,
» d'ailleurs, que de faibles représailles ! »

Et alors l'on nous jette à la face Louis XIV et
Napoléon I<sup>er</sup> ; le Palatinat et Iéna !

A ces adeptes de la doctrine qui veut qu'en
toutes choses *la fin justifie les moyens;* à ces audacieux ou ineptes contempteurs de la civilisation, du progrès, de la morale , la conscience
universelle a déjà répondu ! Eh quoi! depuis
cinquante ans l'humanité est restée immobile, les
pieds plongés dans la boue et dans le sang ! Nous

sommes encore au temps des Albigeois, des dra-
gonnades, de la Saint-Barthélemy, de la conquête de l'Amérique ! Les sentiments de justice,
de fraternité, de solidarité ne sont pas éclos dans
le cœur de l'homme ? L'Europe civilisée ne connaît ni le droit des gens, ni le droit international?
En dehors des terribles *nécessités* de la guerre,
les belligérants peuvent, sans honte et sans
crime, obéir à leurs instincts féroces, à leurs
passions déréglées, à leurs honteuses cupidités ;
ils peuvent fouler aux pieds toutes les lois morales? Et c'est là le *Code militaire* que proclame
la civilisation nouvelle de M. de Bismarck!

Non, non, peuples germains qui êtes encore
les guerriers barbares et pillards qu'a décrits
Tacite, à vous le monopole de ces affreuses doctrines ; à vous qui, en 1870, êtes parvenus à
faire regretter les Cosaques de 1815.

Vous parlez de *représailles!* Le jour viendra,
j'en ai l'espoir, où la France pourra vous demander un compte sévère de vos insolences, de
votre implacable dureté, de vos méfaits d'aujourd'hui ; eh bien! j'en atteste l'honneur français ; nos soldats tueront loyalement leurs adver-

saires, mais ils n'égorgeront pas leurs femmes et leurs enfants et ils ne pilleront pas leurs habitations.

A ceux qui nient, soit qu'ils ignorent, soit qu'ils se laissent abuser, soit qu'ils mentent sciemment et impudemment, les faits vont répondre, et l'histoire jugera.

Espérons toutefois que les arrêts de la postérité seront devancés par le terrible châtiment que méritent tant de crimes. L'Europe ne peut tarder à comprendre toute l'étendue de la faute qu'elle a commise en permettant à la Prusse d'amoindrir la France et d'absorber toute l'Allemagne à son profit ; les Etats-Unis se reprocheront d'avoir laissé immoler une sœur dont, il y a un siècle, le sang a généreusement coulé pour fonder la liberté et la puissance de l'Amérique ; il viendra même un temps où la Bavière, le Wurtemberg, la Saxe, et jusqu'au grand-duché de Bade, supputeront ce qu'ils ont gagné à cette guerre impie, et reconnaîtront qu'ils ont sacrifié leur autonomie, leur liberté, leur prospérité matérielle et répandu le plus pur de leur sang, uniquement

pour donner satisfaction à l'orgueil et à l'ambi-
tion de deux hommes, qui sont leurs plus cruels
ennemis !

Arrière d'ailleurs les rois, les empereurs et les
grands-ducs ! Que la France « *relevant son front
cicatrisé* » implante enfin sur son noble sol
mutilé une République honnête et fière, et le
flot majestueux et irrésistible de la démocratie
aura bientôt submergé tous les despotismes,
quels que soient les masques qu'ils revêtent,
quels que soient les mensonges et les hypocrisies
derrière lesquels ils se cachent ; et alors tous les
peuples civilisés, unis par les liens étroits de la
solidarité politique, économique et sociale, *for-
meront une sainte alliance et se donneront la
main !*

Ces temps heureux d'une véritable civilisation
nouvelle, d'une régénération sociale, féconde et
nécessaire, il ne me sera probablement pas donné
de les voir, mais je mourrai, du moins, avec
l'espérance que nos fils les verront.

LOUIS FLEURY.

Plessis-Lalande, 10 décembre 1870.

# OCCUPATION ET BATAILLE

## DE

# V VILLIERS-SUR-MARNE

## ET DE PLESSIS-LALANDE

---

### AVANT L'OCCUPATION.

Le 17 août 1870, paraissait dans le *Siècle* la note
suivante :

« Le directeur de l'Institut hydrothérapique de
« » Plessis-Lalande nous prie d'annoncer que sa maison,
« » située dans une position exceptionnellement sa-
« » lubre, est transformée en ambulance. Vingt lits sont,
« » dès ce jour, à la disposition des blessés. »

Le lendemain je l'adressais à l'administration de la
*Société internationale de secours aux blessés*, et le 21, je
recevais la lettre que voici.

« Monsieur le docteur,

« » Le Comité me charge de vous adresser ses vifs re-
mercîments pour le concours que vous voulez bien
lui prêter, par l'offre de vingt lits pour nos blessés,

1

dans votre Établissement de Villiers-sur-Marne. Il prend note de votre offre et en profitera avec empressement, aussitôt qu'il enverra des blessés dans cette direction.

» Veuillez agréer, etc.

» *Le membre du Conseil délégué.* »

Le 7 septembre je me rendis à l'administration afin de m'entendre avec M. le docteur Chenu. J'exposai à mon confrère :

1° Qu'en présence de l'éventualité probable et *prochaine* de la présence d'une armée ennemie investissant Paris, je considérais comme un devoir d'honneur de rester à Plessis-Lalande pour y défendre, fût-ce au péril de ma liberté et de ma vie, les intérêts des commanditaires de l'Institut hydrothérapique, dont il était absolument impossible de déplacer le matériel, les appareils, le mobilier, etc.

2° Qu'un certain nombre de malades nationaux et étrangers ayant formé le dessein d'y rester avec moi, j'avais à sauvegarder leur sécurité.

3° Que je considérais le drapeau de la Société international comme la protection la plus sûre, et la plus efficace, contre les violences de l'ennemi et que, par conséquent, je venais en réclamer un.

M. le docteur Chenu loua fort ma résolution et mon courage. « Je m'estimerais fort heureux, me dit-» il, de pouvoir vous venir en aide, mais la chose est » malheureusement impossible pour le moment. Je » ne pourrai vous faire délivrer un *drapeau estampillé* » que lorsqu'un certain nombre de blessés aura déjà » été admis dans votre établissement. »

— Qu'à cela ne tienne, répondis-je, envoyez-moi des

blessés dès demain ; vous avez tout intérêt à le faire, car il importe, au double point de vue hygiénique et militaire, de profiter de la facilité actuelle des communications pour éloigner tous vos blessés, afin de réserver les places disponibles à Paris pour l'époque prochaine où l'investissement de la ville rendra l'encombrement inévitable.

— « Vous avez parfaitement raison, mais je me
» heurte à une nouvelle impossibilité. *Je ne puis dis-*
» *poser d'un seul blessé ;* l'administration de la guerre
» s'est réservé le droit absolu et exclusif de diriger
» les malades sur tel point qui lui convient. Je vais
» néanmoins m'occuper de votre affaire. En attendant,
» arborez de suite le drapeau blanc à croix rouge, que
» justifient suffisamment et votre nom et le titre
» de *Maison de santé. L'estampille viendra à son*
» *temps.* »

La réponse de mon confrère ne me satisfit guère, mais elle ne m'étonna point. J'avais déjà compris que le Comité de la Société internationale de Paris se laissait dominer, absorber par la Cour, par les courtisans, par les dames du palais, par l'administration de la guerre, et le 7 août j'avais écrit dans le *Siècle :*

« Que pour l'accomplissement de la généreuse tâche
» qu'il s'est imposée, le Comité de la Société interna-
» tionale ne compte exclusivement que sur lui-même,
» et qu'il se garde bien de se laisser absorber par
» l'administration de la guerre. »

Le 16 septembre l'ennemi était à nos portes ; j'écrivis une nouvelle lettre à M. le docteur Chenu pour le prier de mettre enfin ses promesses à exécution. Mon

confrère, fort occupé par une visite de l'Archevêque de
Paris qu'entourait une foule de hauts personnages,
me fit répondre « que l'état des choses était resté le
» même pour lui, et qu'il fallait m'adresser à M. le
» comte de Flavigny. »

Il n'était plus temps ! Je fis hisser le drapeau international à la grille de l'Etablissement et sur le belvédère qui couronne le château de Plessis-Lalande, et
j'attendis les événements. Mais déjà depuis plusieurs
jours les malades, voyant qu'ils n'étaient point pro-
tégés par l'*estampille officielle*, étaient partis en masse,
ne laissant auprès de moi que deux d'entre eux :
M. Letanneur, notaire à Vernon et M. Jorro, médecin espagnol de Valence. Qu'il me soit permis de
profiter de cette occasion pour rendre un public hommage au sang-froid, au courage, à la mâle résignation
dont ces deux hommes de cœur ont donné tant de
preuves pendant un mois de *captivité* commune. Si
jamais il m'est donné de les revoir, j'aurai un grand
bonheur à leur serrer la main.

D'un autre côté la situation ne se dessinait pas meilleure pour moi. Le 11 septembre j'avais signalé au
gouvernement de la Défense nationale l'abandon des
communes avoisinant Paris par les autorités consti-
tuées : maires, adjoints, gardes-champêtres, etc., par les
propriétaires, par toute la population honnête ; je
montrais le danger qu'il y avait à ce que les localités
délaissées fussent livrées, sans défense, sans protection, d'une part, aux violences de l'ennemi, — je
n'allais pas alors jusqu'à prévoir le vol et le pillage, —
et d'autre part, aux déprédations des *gredins* indigènes.

« Les villages abandonnés, disais-je dans le *Siècle*,
» ne renferment plus qu'un très-petit nombre d'ha-
» bitants, divisés en deux groupes : 1° Les citoyens
» patriotes et courageux qui restent là où le devoir
» leur commande de rester; des vieillards, des femmes,
» des enfants qui, en restant, subissent la loi de la
» nécessité; 2° des vagabonds, des braconniers, des
» voleurs, lesquels restent dans l'espérance d'exploiter
» à leur profit personnel les malheurs de la patrie. »
J'adjurais le gouvernement central d'aviser.

Le 14, j'appris que, *par ordre du gouvernement*,
disait-on, Villiers-sur-Marne allait être complétement
déserté : le 16, j'écrivis à M. le ministre de l'Intérieur ;
je lui exposai l'état des choses, et je l'engageai, au
nom d'un intérêt général facile à comprendre, à me
déléguer — à moi à défaut de tout autre — des pouvoirs extraordinaires et provisoires qui me permissent
de représenter et de protéger la commune. Je lui rap-
pelai qu'en 1848 des pouvoirs semblables me furent
confiés par Ledru-Rollin, et qu'il me devint ainsi possible de sauver le viaduc du chemin de fer, le château
de Meudon, la propriété du général Jacqueminot, etc.,
grâce au concours de quarante élèves de l'École poly-
technique placés sous mes ordres ; braves jeunes gens,
nobles cœurs dont le respectueux et affectueux dévouement est resté l'un des souvenirs les plus doux et
les plus fiers de ma vie !

L'honorable M. Gambetta me fit répondre par
MM. Clément Laurier et Alfred Naquet, « *qu'il fallait*
» *m'adresser au préfet de Seine-et-Oise.* »
Encore une fois, il était trop tard !

# L'OCCUPATION

Le dimanche 18 septembre 1870, vers midi, je me promenais dans les bois qui entourent le château de Plessis-Lalande; au détour d'une allée prenant vue sur les plaines de Malnoue, je vis, à trois cents mètres de moi, un peloton de cavalerie ennemie cheminant sur la route qui conduit de Malnoue à Villiers-sur-Marne. Je revins immédiatement chez moi, pour faire face aux événements que je prévoyais devoir se produire.

Vers deux heures, trois cavaliers qui n'étaient pas des *uhlans* passèrent au grand trot devant la façade du château; ils demandèrent, à deux reprises, si cette propriété était bien la résidence du docteur Fleury; ayant reçu des réponses affirmatives, ils continuèrent leur chemin, et tout fut dit pour ce jour-là.

Le soir, j'appris que Villiers-sur-Marne était occupé par des troupes allemandes, dont le commandant avait établi son quartier-général dans le château de madame Gérard, lequel, placé à l'extrémité du village, domine toute la vallée de la Marne vers Paris. — C'était le général Reitzenstein.

Le lendemain 19, vers huit heures du matin, un groupe de cavaliers montant au galop l'avenue du châtcau de Plessis-Lalande, pénétra dans la cour d'honneur et s'arrêta devant la porte du péristyle.

— « *Monsieur,* me dit un officier s'exprimant facile-
» ment et correctement en français, *nous allons avoir*
» *l'honneur d'installer ici le quartier-général du comte*
» *d'Obernitz, commandant en chef la division Wurtem-*
» *bergeoise de l'armée allemande* »

— Monsieur, répondis-je, Plessis-Lalande est une propriété privée habitée, une maison de santé et une ambulance internationale. A ces trois titres, et conformément aux déclarations du roi de Prusse, il doit être respecté par vous. Vous n'avez d'autre droit que celui de m'imposer l'obligation de loger et de nourrir un certain nombre d'hommes.

— » *Rien ne prouve que le château de Lalande soit*
» *une maison de santé.* »

— Monsieur, je suis le docteur Fleury, et le monde tout entier sait que Plessis-Lalande est un Institut hydrothérapique placé sous ma direction médicale. Il m'est d'ailleurs facile de fournir les preuves péremptoires de ce que j'avance, et voici deux malades qui les confirmeront par leur présence et par leur parole.

— « *Comment est-il possible que dans les circonstances*
» *actuelles des malades soient restés ici.* »

— C'est que ces malades ont eu confiance dans les proclamations du roi de Prusse et dans l'honneur allemand ; mais, d'ailleurs, n'oubliez pas, je vous le répète, que vous êtes ici dans une ambulance internationale.

— « *Vos drapeaux ne sont pas estampillés et n'ont*
» *aucun caractère officiel.* »

J'expliquai pourquoi mes drapeaux n'étaient *pas encore* estampillés ; je produisis l'article du *Siècle* et la lettre émanant du Comité de la Société internationale de Paris.

— « *Monsieur*, me fut-il répondu, *je vous déclare que nous allons occuper Lalande* MILITAIREMENT. »

— Monsieur, répondis-je à mon tour à mon interlocuteur que j'appris, plus tard, être M. le comte Polliet, JE N'AI PAS LES MOYENS DE RÉSISTER A LA FORCE.

Si mes drapeaux eussent porté l'estampille officielle, Plessis-Lalande eût-il été respecté?

Les Allemands ont si fréquemment et si impudemment violé la convention de Genève, qu'il ne m'est pas permis de répondre par l'affirmative; cependant, ma protestation et ma résistance eussent été plus autorisées, plus énergiques, et peut-être M. le comte Polliet n'eût-il pas osé passer outre. Quoi qu'il en soit, je suis en droit de dire que le Comité de la Société internationale de Paris porte une lourde part de la responsabilité des événements qui ont amené la ruine d'un Institut hydro-thérapique modèle qui, sans analogue à l'étranger, avait été proclamé par tous les savants illustres réunis à Paris à l'occasion du Congrès médical de 1867, l'une des gloires scientifiques de la France.

Mais il ne pouvait en être autrement. Pour l'Administration française, la lettre ne prévaut-elle point constamment sur l'esprit!

Dans tous les cas, l'on ne saurait assez flétrir et signaler à l'indignation du monde civilisé un envahissement et une spoliation accomplis par la force brutale, au mépris du droit des gens, des usages de la guerre, des lois de l'humanité, d'une convention solennellement acceptée, et des proclamations du roi de Prusse lui-même!

M. le comte Polliet, suivi de quelques officiers, prit possession absolue de l'Établissement tout entier. Muni

1.

d'un morceau de craie, il écrivit sur les portes le nom
des personnages devant occuper les chambres et les
appartements ; mon cabinet de consultation ne fut pas
épargné. Il détermina le nombre des chevaux devant
remplir les écuries, les remises, les étables, l'orangerie,
après avoir donné l'ordre d'en expulser tout le matériel de l'Etablissement, de telle sorte que bêtes et voitures durent rester exposées aux intempéries atmosphé-
riques, dans une partie écartée du parc, jusqu'à ce que
les bêtes soient mortes de faim et que les voitures aient
été volées.

Après avoir accompli, de cette manière toute militaire, son œuvre de maréchal-des-logis, M. le comte
Polliet se mit en mesure de remplir ses devoirs de
maître-d'hôtel ; grimaçant un sourire, qui avait la prétention très-mal fondée d'être gracieux, il s'approcha de
la directrice, madame Vinant.

— « *Madame, veuillez faire préparer, pour midi, un*
» *déjeuner de trente couverts.* »

— Mais, monsieur, vous me prenez au dépourvu et
de court ; il m'est impossible de vous satisfaire.

— « *Cela vous sera, tout au contraire, très-facile, pour*
» *peu que vous y mettiez de bonne volonté. Je vois d'ici*
» *des poulets, des canards, des pigeons ; vous devez avoir*
» *des œufs, du fromage ; cela suffira. Je vous recommande*
» *toutefois le vin, et, en particulier, le champagne. Donc*
» *à bientôt et surtout soyez exacte.* »

Ces messieurs remontèrent à cheval et partirent au
galop.

Vers midi, M. le lieutenant-général comte d'Obernitz,
commandant en chef le contingent wurtembergeois
fit son entrée à Plessis-Lalande, suivi de son état-major
et de cinquante gendarmes à cheval.

Dans la même journée, la ferme Saint-Martin, appartenant à M. Edmond Santerre, le parc et le château de Cœuilly, appartenant à madame la comtesse de Bully, propriétés très-vastes et toutes deux mitoyennes de Plessis-Lalande, furent occupées par l'ennemi : infanterie, cavalerie et artillerie. M. le général de cavalerie comte Scheller prit possession du château de Cœuilly, après avoir constaté avec une vive satisfaction que la ferme Saint-Martin contenait une quantité énorme de foin, de gerbes de blé, de seigle et d'avoine.

M. le général de brigade de Reitzenstein occupa comme je l'ai dit, le château de madame Gérard à Viliers-sur-Marne.

M. le colonel de cavalerie comte Norman s'établit à Noisy-le-Grand, et ainsi l'occupation du pays fut solide et complète.

# LE GÉNÉRAL D'OBERNITZ ET SON
# ÉTAT-MAJOR.

Avant de continuer ce récit, je crois qu'il est bon de faire connaître au lecteur le nom, le grade, le caractère des principaux officiers réunis au quartier-général du corps d'armée prêté, aujourd'hui, au roi de Prusse par son ennemi de 1866, le roi, très-nominal mais fort peu effectif, du Wurtemberg.

1° *M. le lieutenant-général comte* d'*Obernitz.* Prussien, et l'un des héros de Sadowa ; grand, raide, froid, guindé, mais très-distingué de formes, de manières et de langage, le comte d'Obernitz est un véritable gentilhomme ; il a le sentiment du vrai, du juste, de l'honnête ; il fait la guerre avec conscience et courage, mais il en déplore les malheurs et il en blâme les excès ; il est humain, il est bon, dès qu'il ne se trouve plus en présence des implacables *nécessités* de la guerre. A la vérité, la guerre le passionne, et souvent il étend outre mesure le champ de ses *devoirs* militaires. Quelques traits le peindront suffisamment.

Le 23 septembre, vers huit heures du matin, je rencontre le général sur la terrasse du château ; la garde montante passe devant la grille, et tout à coup éclate une vive et brillante musique militaire. Une vive émotion s'empara de moi, et je ne pus retenir mes larmes. Le comte d'Obernitz me saisit le bras : « *Monsieur*, me dit-il, *je comprends vos sentiments et les honore.* »

Madame Fleury, atteinte, en ce moment, d'une angine grave, avait éprouvé, comme moi, une commotion violente. J'ignore par qui le général en fut instruit. Immédiatement défense fut faite à la musique de jouer jusqu'à nouvel ordre. Plusieurs jours s'écoulèrent pendant lesquels MM. les officiers témoignèrent hautement le mécontentement que leur causait le silence imposé à la musique. Je demandai avec instance au général de vouloir bien autoriser la musique à jouer. « *Pas avant que la guérison de madame Fleury ne soit complète,* » me répondit-il.

Le lendemain M. le comte Polliet aborda notre femme de chambre : « *Votre maîtresse n'est donc pas encore morte?* » lui demanda-t-il gracieusement.

Quelques jours après, madame Fleury écrivit elle-même au général, et voici la réponse qu'elle reçut :

« Madame,

» Votre lettre m'a vraiment touché, par la bonté et » l'amabilité qu'elle exprime. Vous désirez procurer à » mes officiers le plaisir de se distraire par la musique ; » je ne résiste plus, et je vais donner les ordres nécessaires pour remplir votre désir, très-satisfait et très-réjoui d'apprendre que votre vie est hors de danger, » et que votre rétablissement fait des progrès rapides.

» Je vous prie, Madame, d'agréer l'assurance de la » haute considération avec laquelle j'ai l'honneur d'être,

» Madame,

» Votre très-dévoué

» D'OBERNITZ. »

Le général se méprenait étrangement sur la nature des sentiments qui avaient dicté la lettre de madame Fleury ; mais son erreur, provoquée par son ignorance des finesses de la langue française, n'enlève rien à la délicatesse de ses procédés.

Je dois ajouter que pendant les mois suivants, malgré les réclamations des officiers, la musique ne joua que cinq ou six fois. Le général n'est-il point mélomane ? J'aime mieux croire, ainsi d'ailleurs qu'il me l'a été affirmé, que le comte d'Obernitz trouvait peu convenable d'égayer de somptueux dîners par de joyeuses fanfares, alors que tant de malheureuses victimes d'une guerre impie souffraient et mouraient !

Soixante couverts de table avaient été mis à la disposition de M. le comte Polliet, mais le nombre en diminua chaque jour, grâce à la négligence des domestiques (allemands) et aux vols commis par les soldats. Un jour, quarante personnes prennent place à la table du général et l'on ne trouve que trente-six couverts. Grand émoi ! M. le comte Polliet s'empresse de déclarer que des couverts *doivent avoir été enlevés par mes ordres*. Un émissaire se présenta chez moi et me somma, *au nom du général*, de restituer les couverts que j'avais pris. J'écrivis sur-le-champ.

> « Général,
>
> » Je ne possède que les quatre couverts que j'ai gardés pour mon usage le jour de l'occupation de Plessis-Lalande. Je les mettrai à votre disposition aussitôt que j'aurai pu m'en procurer d'autres, en bois ou en fer.
>
> » Agréez, etc. »

Cinq minutes après le commandant de gendarmerie,

M. le baron d'Ellrichshausen, venait, *au nom du général*, me demander des explications. Celles-ci furent aussi courtes que simples et énergiques, mais la colère me gagnant, je saisis mon interlocuteur par l'un des boutons de son uniforme et j'ajoutai avec une violence mal contenue : « Commandant, vous avez pu apprécier » la réserve, la patience, l'abnégation, la résignation » que j'apporte dans mes relations forcées avec les » envahisseurs de ma patrie, mais sachez bien que si » la moindre atteinte était portée à ma dignité, que si » la moindre suspicion pesait sur ma loyauté, je ne » le souffrirais pas, dussé-je y périr ! Sachez bien » aussi que le docteur Fleury est suffisamment connu » pour que vous ne puissiez pas le faire disparaître » sans provoquer dans le monde entier un grand re- » tentissement et une profonde indignation. » — M. d'Ellrichshausen comprit mon émotion, et la calma par de bonnes paroles dont je lui sais gré.

Mes explications furent, paraît-il, considérées comme satisfaisantes, car le lendemain matin le commandant vint — toujours *au nom du général*, m'exprimer des regrets « en ce qui concernait un malentendu, pour » lequel le comte d'Obernitz avait témoigné son mé- » contentement au lieutenant Polliet. » J'écrivis :

« Général,

» Je vous remercie d'avoir bien voulu comprendre et croire que je ne pouvais être qu'absolument étranger à l'incident qui s'est produit hier soir.

» Agréez, etc. »

M. le comte Dona, officier d'ordonnance du général, me demande un jour *si je veux avoir la bonté de lui prêter ma voiture* pour se rendre à Ferrières. J'eus un moment la tentation de lui répondre : *Et si je ne voulais pas avoir cette bonté, que feriez-vous?* J'y résistai, et mon consentement fut froidement accordé. Quelques jours après, nouvelle demande et même réponse. Mais alors MM. les officiers de l'état-major se considèrent comme étant en droit de disposer de la voiture à leur gré ; M. le prince Zeil, M. le comte Polliet s'en emparent de leur propre autorité pour se rendre à Versailles, à Ferrières, à Lagny, etc. ; ils me la renvoient couverte de boue, et trouvent fort mauvais qu'elle ne soit point nettoyée par *mes gens*, lesquels, pour le moment, étaient représentés par le jardinier, tout le personnel de l'Etablissement, cocher, chef de cuisine, maître d'hôtel, valets de chambre, etc., ayant abandonné Plessis-Lalande dès le 15 septembre.

La voiture, victoria très-légère, ne pouvait résister longtemps à un pareil service ; je compris que, comme tant d'autres véhicules de toutes sortes, elle allait être cassée et abandonnée sur une grande route. J'écrivis au comte d'Obernitz :

« Général,

» Si vous considérez ma voiture comme une prise de guerre, je la ferai mettre à l'entière disposition de vos officiers, mais si vous pensez qu'elle doit rester ma propriété, je vous demanderai de vouloir bien la faire respecter.

» Agréez, etc. »

Quelques heures après, M. le commandant de gendarmerie vint me dire, *au nom du général*, que désormais personne ne se servirait de ma voiture, puis il ajouta avec un certain embarras :

« Permettez-moi, mon cher docteur, de vous adres-
» ser à cette occasion une prière : dans le cas où vous
» auriez de nouvelles réclamations à exprimer, veuillez
» les faire parvenir directement à moi, et non pas au
» général, auquel il est très-pénible d'intervenir dans
» des questions de ce genre..... etc. »

Ces paroles m'expliquèrent une situation qui déjà
avait attiré mon attention, mais dont je n'avais pas
trouvé le mot. J'avais remarqué l'isolement dans lequel
vivait le comte d'Obernitz, le rôle négatif et tout
d'abstention dans lequel il se renfermait en dehors des
faits de guerre, et je ne parvenais pas à concilier cette
attitude avec les signes visibles d'un caractère ferme
et d'une volonté énergique. Le commandant avait fait
la lumière.

M. d'Obernitz est *Prussien* et il commande une armée et un état-major *wurtembergeois* ; or, comme tous
les Allemands du sud, dont le cœur est encore ulcéré
et l'orgueil encore froissé par les souvenirs de 1866,
les Wurtembergeois détestent, exècrent les Prussiens.
La plus mortelle offense que l'on puisse faire à un
Wurtembergeois, c'est de l'appeler : Prussien ! — « *Je*
» *ne suis pas Prussien*, répond avec mauvais humeur
» l'officier, *je suis Allemand* » — « *Moi pas Prussien !*
» crie avec fureur le soldat, *moi Wurtembergeois. Moi*
» *pas camrat avec Prussien, moi camrat avec Fran-*
» *çais !* »

Ces paroles, je les ai entendu prononcer des centaines de fois ! Les soldats wurtembergeois et prussiens
ne se réunissent jamais, ils vivent complétement séparés, se disputent souvent, et parfois en viennent aux
mains.

De là, pour le général d'Obernitz, une position fausse,

difficile, qu'il connaît et qu'il sent ; aussi pour éviter
de sévir ou de compromettre son autorité, n'inter-
vient-il que pour les choses de la guerre ; pour tout le
reste, il ferme les yeux et laisse faire ! Le placer dans
la nécessité de manifester et de faire prévaloir sa volonté, c'est lui rendre un très-mauvais service.

L'orangerie de Plessis-Lalande avait été convertie
en écurie ; vers la fin du mois d'octobre le général re-
marqua la teinte jaune qui envahissait les orangers
placés devant la façade du château, et il conçut la généreuse pensée d'arracher ces pauvres arbres aux horreurs de la mort par congélation. Il donna l'ordre au
commandant de la gendarmerie de faire évacuer l'orangerie et de la rendre à sa destination. La mesure
ne fut pas du goût de MM. les gendarmes, et M. d'Ellrichshausen eut beaucoup de peine à la faire exécuter ; il lui fallut intervenir à plusieurs reprises et user
de toutes sortes de précautions oratoires.

Pendant le premier mois de l'occupation, les diverses grilles du parc de Plessis-Lalande furent maintenues fermées. Mais le siége se prolongeant au delà
de toutes les prévisions allemandes, les soldats commencèrent à ressentir de l'ennui ; les officiers, de la
mauvais humeur, du dépit, de la rage. Il fallut bien
songer à se distraire, et à se venger du « criminel en-
» têtement des Français. » Alors commencèrent,
comme on le verra plus loin, les vols, les dévastations
le pillage, etc. Les grilles du parc furent forcées. Dans
un intérêt de sécurité, comme au point de vue du respect dû à la résidence du général en chef, le comte
d'Obernitz donna au commandant de la gendarmerie,

l'ordre de les faire *refermer*. Trois jours après les grilles furent *reforcées*. Nouvelle intervention de M. d'Ellrichshausen. Quelques jours plus tard les grilles furent *arrachées*, sur l'injonction et en la présence d'un officier subalterne. Le commandant, piqué au vif, les fit replacer, consolider et donna des *ordres sévères*. La semaine suivante les grilles furent *brisées et les murs démolis*. Le dernier mot resta aux démolisseurs ! — Le succès enivre. Quelques jours après, un capitaine criant avec fureur : *Là où nous sommes rien ne peut être réservé* », faisait arracher d'une grille intérieure par laquelle, depuis six semaines, tout le monde passait dix fois par jour, un ancien écriteau portant ces mots : *Entrée réservée.*

J'avais obtenu du général, dès le premier jour de l'occupation, que le très-petit châlet me servant d'habitation et le jardin, clos de murs, y attenant, seraient respectés. Mais le jardin était plein de fruits, et la tentation était trop forte ! Malgré la défense du chef, des officiers y pénétraient à toute heure et se gorgeaient de raisin, de poires et de pêches. Je donnai l'ordre au jardinier de porter deux fois par jour au château, à l'heure des repas, une abondante quantité de fruits. Mais le *fruit défendu* conserva tout son charme, aiguisé, en outre, par le plaisir de « *vexer le Français.* » — Je priai le commandant d'Ellrichshausen de vouloir bien faire afficher sur la grille la défense émanant du général. — « *Cela n'est point nécessaire*, me fut-il répondu, *je vais donner des ordres* » — Le maraudage continua. Un matin, je fis couper tous les fruits, *mûrs ou non mûrs*, en remplir des paniers, et porter ceux-ci dans la salle à manger du château. —

M. le comte Polliet, se dandinant, fumant et sifflant, continua, seul, à venir cueillir des fleurs sous les fenêtres de madame Fleury. — Plus tard, les portes du jardin furent brisées, et l'envahissement devint général.

Quoi qu'il en soit, je me fais un devoir de proclamer publiquement la haute estime et la gratitude que je conserve à M. le comte d'Obernitz pour les sentiments de justice et de bienveillance qu'il m'a témoignés, comme homme toujours et plusieurs fois comme général en chef. Je lui dois d'avoir été respecté, — sinon dans ma liberté et ma propriété, du moins dans ma personne, ma dignité et mon domicile privé.

Malgré la réserve calme et froide dans laquelle je me suis maintenu pendant trois mois, et que réclamait impérieusement le soin de ma sécurité et de ma dignité, il ne m'a point toujours été possible de réprimer les élans de mon patriotisme, de dissimuler mes angoisses et mes douleurs. Ces manifestations m'ont valu l'honneur d'être détesté et calomnié par un certain nombre de hobereaux wurtembergeois, désireux de se faire pardonner leur nationalité et de se montrer plus prussiens que le roi de Prusse. Mais elles ont été dignement appréciées par M. le comte d'Obernitz, ainsi qu'en témoigne la lettre suivante en date du 7 novembre.

« *Monsieur,*
» *J'ai reçu les photographies que vous avez bien voulu* » *m'offrir, et qui représentent des vues du château et* » *du parc de Lalande. Je les accepte avec plaisir, vous* » *assurant que je n'ai jamais cesser d'estimer dans l'*EN- » NEMI, *l'homme honnête et respectable.*
» COMTE D'OBERNITZ. »

2° *M. le colonel von Loos*. — Prussien, aide-de-camp du général ; impatient, impérieux, violent, donnant une grande extension *aux droits de la guerre*, mais d'une intégrité absolue et d'une courtoisie parfaite. Je n'ai eu de relations avec lui que dans une circonstance dont il sera question plus loin, et qui témoigne en faveur de l'élévation de ses sentiments.

3° *M. le colonel Bock*. — Prussien, aide-de-camp du général. Vieux grognard, toujours mécontent de tout et de tous, mais fort poli ; en somme *bon enfant*, quoique taciturne et peu sociable.

4° *M. le comte Dona*. — Prussien, officier d'ordonnance du général. Parfait gentilhomme, d'une distinction, d'une urbanité, d'une politesse exquises. Promu à un grade supérieur dans les premiers jours d'octobre et obligé de se rendre à Berlin, M. le comte Dona est venu me faire ses adieux en m'exprimant l'espoir et le désir de me revoir dans des jours plus heureux.

5° *M. le colonel Triebig*. — Wurtembergeois. Charmant homme, doux, poli, aimable, bon ; faisant la guerre par devoir mais la déplorant, et pensant beaucoup à sa femme et à ses enfants.

6° *M. le colonel Sieck*. — Wurtembergeois, maladif, très-réservé, doux, bon et honnête. Par une exception unique, et qui mérite d'être signalée, il a voulu tenir compte à l'Etablissement de quelques bouteilles d'eau minérale bues par lui dans sa chambre.

7° *M. le baron d'Ellrichshausen*. — Wurtembergeois, chef d'escadron de gendarmerie. Le baron appartient à l'une des plus anciennes familles de l'Allemagne, il a épousé la fille du célèbre ministre séparatiste wurtembergeois, le comte de Neurath (1). Il a beaucoup vécu dans la haute société de Paris, et il y a puisé des idées plus larges, plus élevées, plus généreuses que celles qui animent ses camarades ; il a l'estime et la confiance du général, mais il est tenu en suspicion par les hobereaux de l'état-major, lesquels le trouvent trop *libéral* et trop imbu des souvenirs de 1866. Nos relations ont été agréables et cordiales, mais ce pauvre commandant avait une peur horrible de se compromettre en rendant de trop fréquentes visites « *au Français.* »

Je sais bien que depuis le premier jusqu'au dernier jour de ma *captivité*, en dépit d'une impossibilité matérielle absolue et évidente, les hobereaux du quartier général ont prétendu, de parti pris, *que j'étais un espion ; que j'avais des intelligences secrètes avec Paris et avec les départements ; que ma présence à Plessis-Lalande ne pouvait pas s'expliquer autrement*, etc., mais je crois, néanmoins, que souvent M. d'Ellrichshausen a fait peser sur moi des défiances qui s'adressaient à lui-même, et qu'il provoquait, d'ailleurs, par les précautions et les dissimulations dont il entourait ses innocentes visites. Avec plus d'indépendance et de fermeté, il eût rendu plus nette et plus facile une situation qui, à certains moments, est devenue pénible pour tous deux.

Par un sentiment de dignité et de délicatesse que tout le monde comprendra, je dus, à plusieurs reprises, prier M. d'Ellrichshausen d'interrompre des relations

(1) *P. S. M.* le comte de Neurath est l'un des trois députés qui, dans la dernière session du parlement wurtembergeois, ont voté contre l'accession de leur patrie à l'empire germanique.

*compromettant son repos et son avancement*, mais — et je me plais à le reconnaître, — il me portait un intérêt véritable ; mon attitude, mon caractère, mes opinions politiques et philosophiques m'avaient valu ses sympathies, et par des visites, à la vérité de plus en plus rares, il continua à veiller à ma sécurité personnelle jusque vers le 10 décembre. Le 20 je reçus de lui le billet suivant :

 « *Mon cher docteur,*

 » *Ayant eu de nouveau des désagréments à cause de* » *mon amitié pour vous, j'ai cru devoir me priver du* » *plaisir de vous voir. Vous aurez votre passeport au-* » *jourd'hui, et j'espère vous voir encore avant votre dé-* » *part.*

     » Votre tout dévoué,
      » D'ELLRICHSHAUSEN. »

Je n'ai reçu mon passeport que le 22, et je suis parti le 23 sans avoir revu M. d'Ellrichshausen, dont j'ai néanmoins conservé un affectueux souvenir en raison de ses bonnes intentions, et d'une intervention qui m'a été agréable toujours et utile souvent.

8° *M. le comte Polliet.* — L'une des figures les plus curieuses de l'état-major du général d'Obernitz.

Français d'origine,

Suisse de naissance,

Neveu d'une princesse russe, madame Buttura, demeurant à Paris, rue du faubourg Saint-Honoré,

Gendarme wurtembergeois,

Maître-Jacques prussien pour le moment,

M. le lieutenant comte Polliet cumule les fonctions de maréchal-des-logis, de pourvoyeur des subsistances, de maître d'hôtel, de sommelier, et voire même, au besoin, de cuisinier.

Les circonstances à la faveur desquelles M. Polliet fut chargé de ces hautes et multiples fonctions sont caractéristiques. Les Allemands avaient envahi l'Alsace ; un jour, le général et son état-major pénètrent dans l'habitation d'un industriel ayant la réputation d'être fort riche, et de posséder une cave très-bien garnie ; on lui commande de faire dresser un bon dîner et préparer des chambres pour la nuit. A cinq heures l'on se met à table, mais le repas, présidé par l'amphitryon, est déclaré *mauvais, détestable, dérisoire, inconvenant*, et les têtes se montent. L'on fait semblant d'ignorer que l'amphitryon comprend et parle l'allemand, et on le traite d'*avare, de cuistre, d'insolent ; il faut le mettre en prison, le fusiller, le pendre !* Le général se lève, et quitte la salle à manger suivi de tous ses officiers, et un officier reçoit des ordres.

Cet officier fait comparaître l'amphitryon, et lui déclare que si, dans deux heures, il n'a pas fait servir un dîner splendide, et couvert la table de vins de Madère, de Bordeaux, de Bourgogne, du Rhin et de Champagne, sa maison sera livrée au pillage.

Ainsi fut dit, ainsi fut fait..... de tous points, car si le dîner ne laissa plus rien à désirer, la cave n'en fut pas moins livrée aux soldats, et pendant la nuit le malheureux propriétaire sauta en chemise par la fenêtre de sa chambre à coucher, pour échapper à des sévices qui menaçaient de se terminer par sa mort !

A ce moment, les fonctions dévolues au sieur Polliet étaient remplies par M. le comte Dona ; celui-ci fut blâmé, réprimandé ; il fut accusé d'être négligent, trop facile, trop indulgent, etc. ; il donna sa démission, et fut remplacé par le lieutenant Polliet, bien digne, en effet, de *déplacer* le gentilhomme prussien.

Malgré la manière dure, brutale et par trop bismarckienne avec laquelle il comprend et remplit sa mission, M. le comte Polliet est, néanmoins, un gandin, un beau, un poseur. — « *C'est un mauvais soldat,* di- » saient ses camarades, *mais il est gracieux danseur et* » *parfait écuyer ; ces brillantes qualités ne lui ont, toute-* » *fois, pas valu les sympathies des dames de Stuttgardt,* » *car elles ne le tiennent qu'en piètre estime.* »

C'est probablement pour se dédommager des rigueurs de ses belles compatriotes, qu'à Plessis-Lalande, M. le lieutenant de gendarmerie n'a pas dédaigné les hommages et les bouquets (*sic*) d'une vieille blanchisseuse et d'une hideuse laveuse de vaisselle, élevées toutes deux par lui au rang de confidentes. A la vérité la première avouait, en toute humilité, qu'elle ne s'expliquait les faveurs dont elle était comblée, et qui, le plus souvent, se traduisaient par des vivres et du vin prélevés sur l'ordinaire, fort extraordinaire, de l'état-major, que par cette considération importante, à savoir qu'elle blanchissait *gratis* le linge du beau lieutenant (historique). Quant à la seconde, je ne trouve pour expliquer les préférences de M. le comte, que certaines sauces qu'elle réussissait assez bien.

Quelques heures après l'envahissement de Plessis-Lalande, M. le comte Polliet me disait en se berçant dans un fauteuil à bascule : « *Nous ne sommes pas ici* » *pour longtemps. Dans quatre jours nous serons à* » *Paris. — Vous ne croyez pas ?* »

— Je ne puis rien affirmer, monsieur, mais j'espère que vous n'y serez pas !

A partir du cinquième jour, le beau lieutenant devint le plus actif instrument et le plus persistant instigateur de toutes les petites misères, de toutes les vexations, de toutes les impertinences muettes dont j'ai été abreuvé pendant deux mois. Pauvre garçon ! s'il avait compris le cas que je faisais de sa personne et de ses agissements, il se serait épargné des efforts peu en rapport avec le résultat produit ! — « *N'y faites pas attention,* » me disaient les officiers les mieux élevés de l'état-» major; *le beau Polliet est sûr d'entrer dans le royaume* » *des cieux ; il cherche à se faire pardonner sa qualité de* » *demi-Français, et il veut vous faire oublier sa ridicule* » *et outrecuidante prophétie du premier jour.* »

9° *M. le lieutenant de Langenbeck.* — Prussien, cuirassier blanc de Bismarck, et fils de l'illustre chirurgien de Berlin. Ce jeune homme est le type du *soldat* prussien : arrogant, outrecuidant, peu courtois, ennemi acharné des Français, et poussant jusqu'à l'extrême les droits et les devoirs de la guerre. Pour lui, comme pour M. de Bismarck, la force prime tout.

L'on se souvient du combat de Nogent-sur-Seine, où les Allemands eurent d'abord le dessous ; à six heures du soir, une estafette arrive au galop à Plessis-Lalande pour demander du renfort. L'état-major était à table. Le général d'Obernitz désigne un certain effectif d'infanterie, de cavalerie, d'artillerie, et, s'adressant à ses officiers : « *Qui de vous veut prendre le commandement* » *de ce détachement ?* »

— « *Moi, si Votre Excellence le veut bien.* »

Et M. de Langenbeck est désigné, au grand mécontentement des officiers wurtembergeois, lesquels trou-

vent *scandaleux* que le commandement d'un détachement *wurtembergeois* soit donné à un lieutenant *prussien !* — « Mais le père de ce lieutenant est premier
» chirurgien du roi ; la sœur de ce lieutenant a épousé
» le fils du ministre de la guerre, M. de Roon. Ce lieu-
» tenant peut donc prétendre à tout, et aucune faveur
» ne peut lui être refusée par un général *prussien !* »

Quoi qu'il en soit, M. de Langenbeck quitte la table,
monte à cheval, se met à la tête du détachement et
part.

Le surlendemain, M. de Langenbeck revenait à Plessis-Lalande, se prélassant mollement dans un charmant coupé bleu qu'il avait... *réquisitionné* à Nogent-
sur-Seine — *réquisitionner* est l'euphémisme consacré
— et il racontait ses exploits :

« L'affaire a été rude : ces infâmes gueux de Français
» s'étaient retranchés dans un cimetière, dont nous
» avons eu beaucoup de peine à les déloger...; mais
» enfin la victoire nous est restée, et l'ennemi ayant
» mis bas les armes, nous entrâmes dans le village...
» Un coup de fusil est traîtreusement tiré par le soupi-
» rail d'une cave et nous tue un homme ; la maison est
» cernée, fouillée et l'on y trouve une vieille femme
» qui, ayant vu son mari périr sous ses yeux, avait voulu
» le venger... L'on égorge la femme, et avec elle ses
» deux enfants, puis nous mettons le feu au village...
» une population éplorée de femmes, d'enfants et de
» vieillards se précipite dans la rue..., je commande le
» feu... et les fusils à aiguille ont fait merveille !

» Ah ! ah ! s'écriait en riant le Prussien, *les Français
» s'en souviendront !* » Inutile de dire que le lieutenant
fut vivement félicité, complimenté et assuré d'un
avancement prochain.

Les journaux allemands ont fait grand bruit du combat de Nogent-sur-Seine et de la prise du cimetière, mais aucun d'eux n'a cité le nom de M. de Langenbeck ni parlé des hauts faits de ce brillant officier. Nous sommes heureux d'être en mesure de réparer cet oubli ou cette injustice.

Reste à savoir si M. le docteur de Langenbeck a été très-satisfait des *opérations* pratiquées par M. son fils, et si ce meurtre d'un certain nombre d'enfants a consolé madame de Langenbeck de la mort de son fils aîné, glorieusement tué à Sedan ou à Metz.

10° *M. le docteur Fichte.* — Médecin-général du corps d'armée wurtembergeois, M. Fichte a des allures toutes militaires, et malgré ma persistance à l'appeler *mon cher confrère*, il a continué, pendant longtemps, à m'appeler *Monsieur*, et à me traiter beaucoup plus en ennemi qu'en collègue. Du reste, l'on n'est point d'accord sur la valeur relative de ses qualités scientifiques et soldatesques.

« *Fichte*, disaient les officiers de santé, *est beaucoup » plus fier du titre de général que de celui de médecin, et » il a bien raison !* »

« *Fichte*, disaient les militaires, *est peut-être un bon » médecin, mais il est certainement un mauvais géné- » ral !* »

« *Fichte*, disaient à leur tour les blessés, *est peut-être » un bon général, mais il est certainement un mauvais » médecin !* »

Je ne me permettrai pas de décider, mais M. Fichte, fils d'un professeur de philosophie, petit-fils de l'illustre maître de Schelling, a encore une prétention : celle d'être lui-même un philosophe transcendant, et ici je suis en droit de porter témoignage. Oui, mon confrère

2.

est un *philosophe-caméléon*; tantôt animiste orthodoxe, faisant, en toutes choses, intervenir la Providence, à l'exemple de son maître, — je veux dire du roi de Prusse, — tantôt matérialiste, ne reconnaissant, à l'exemple de son modèle M. de Bismarck, d'autre Dieu que la force brutale, tantôt sceptique, tantôt éclectique, parfois cynique, mais au milieu de ces variations philosophiques, il a un thème immuable : « *La guerre* » *justifie tout.* »

M. Fichte est d'une vivacité, d'une pétulance, d'une loquacité toutes méridionales ; il ne tient pas en place, il vous adresse cent questions sans jamais attendre une réponse ; il vous glisse entre les mains, paraît et disparaît à la façon d'un météore; de là son surnom de *Schwindel* : *vertige, tourbillon.*

La naïve outrecuidance de ce général-médecin ou médecin-général, n'est pas, je le constate à regret, en rapport avec l'étendue et la solidité de ses connaissances militairo-scientifiques.

Mon nom n'avait pas eu l'honneur de parvenir jusqu'aux oreilles de M. Fichte ; or, comme depuis trente ans il n'est pas un seul journal médical allemand qui n'ait maintes fois cité, analysé mes diverses publications et plus particulièrement le *Compendium de médecine pratique,* le *Cours d'hygiène* et le *Traité d'hydrothérapie,* il faut en conclure que l'illustre petit-fils est resté passablement étranger à la littérature scientifique de son pays, absorbé qu'il a été, probablement, par la lecture des œuvres de son grand-père.

Quoi qu'il en soit, M. Fichte, qui ne connaissait de l'hydrothérapie que le nom de Priessnitz, fut fort étonné, en arrivant à Plessis-Lalande, de voir et d'apprendre qu'il existait, de par le monde, un certain docteur français, du nom de Fleury, lequel s'était quelque peu occupé du traitement des maladies par l'eau froide. Ce qu'il vit et entendit lui inspira, paraît-il, une certaine confiance, car un jour il s'avança vers moi avec cet air tout à la fois autoritaire et protecteur qui fait de lui un véritable type.

— « *Monsieur*, me dit-il, *voici une brochure que je vous* » *prie de lire ; vous me direz ensuite votre opinion.* » Et il me tendit un petit mémoire du docteur Brand, de Stettin, sur le traitement hydrothérapique du typhus des armées.

— Mon cher confrère, je connais ce travail; il ne présente rien d'original, et ne fait que confirmer des observations déjà connues depuis Currie.

— « *Mais, monsieur, vous ne pouvez pas le connaître* » *puisqu'il vient d'être publié (1870), et de m'être* » *adressé.* »

— Mon cher confrère, il ne s'agit ici que d'une réimpression faite en vue de la guerre actuelle.

— « *Encore une fois, monsieur, veuillez, je vous prie,* » *lire ce travail, et me le renvoyer dans deux heures en* » *m'en donnant votre opinion par écrit.* »

Cinq minutes après je renvoyais à mon savant confrère le mémoire du docteur Brand, en l'accompagnant de mon opinion *imprimée* à la page 423 de mon *Traité d'hydrothérapie* publié en 1866.

En apprenant le nom et le grade du docteur Fichte, j'avais disposé, en sa faveur, d'un exemplaire du *Traité d'hydrothérapie*, en y écrivant quelques mots de dédicace.

Je ne sais par suite de quelles circonstances cet exemplaire ne lui fut pas remis le jour même ; l'observation et la réflexion modifièrent mes idées, et j'ai gardé mon exemplaire que je conserve, avec sa dédicace, comme un précieux souvenir du docteur Fichte.

Du reste, mon confrère n'est pas aussi diable qu'il est noir ; après s'être montré, à mon égard, passablement dur et *très-autoritaire*, M. Fichte a été, paraît-il, fort touché des soins que j'ai donnés aux blessés allemands et il m'a exprimé des sentiments d'estime et de sympathie. « *Tenez compte,* me disait-il en me faisant ses adieux, *des nécessités de la guerre, et ne conservez pas de moi un trop mauvais souvenir !* »

Non certes, cher confrère ; je n'ai pu vous prendre suffisamment au sérieux pour cela !

11° *M. le prince Zeil.* — Quel est, disais-je à M. Fichte, ce gros personnage traîneur de sabre, revêtu d'un uniforme de fantaisie, orné d'un front étroit et fuyant, de gros yeux ronds et saillants et d'un brassard à croix rouge ? C'est un confrère ?

— « *Non ; c'est un prince qui, ne se sentant pas convenablement honoré par son titre, cherche à se donner une valeur humanitaire.* »

— Quel est donc son rôle ici ?

— « *Celui de la cinquième roue d'un carrosse.* »

— Mais il me paraît jouir d'une certaine autorité.

— « *Il se l'attribuerait volontiers, mais,* ajouta le général-médecin en accompagnant ses paroles d'un geste très-expressif, *quand on avance trop la main je tape sur les doigts !* »

M. Zeil était arrogant et fier. — Fier de quoi ? Était-ce de son titre de prince, de son brassard ou de ses gros yeux ? Je ne sais.

A table M. le prince Zeil était à la droite du général ; à la bataille il était, dit-on, à la queue des derniers soldats.

Le reste ne vaut pas l'honneur d'être nommé.

Une vingtaine de jeunes hobereaux outrecuidants, impertinents, très-fiers de leurs titres de barons ou de comtes, professant la haine des Français, injuriant nos gloires nationales les plus pures, rêvant pour l'Allemagne la domination universelle, et se considérant comme les instruments providentiels chargés d'accomplir le grand œuvre.

Dans ce groupe nous ne distinguerons que trois hommes : MM. les capitaines Heinrich et de Dillen, et M. l'intendant-général Kratzer, auxquels nous accorderons, en temps et lieu, une mention honorable.

Et maintenant revenons à la journée du 19 septembre 1870.

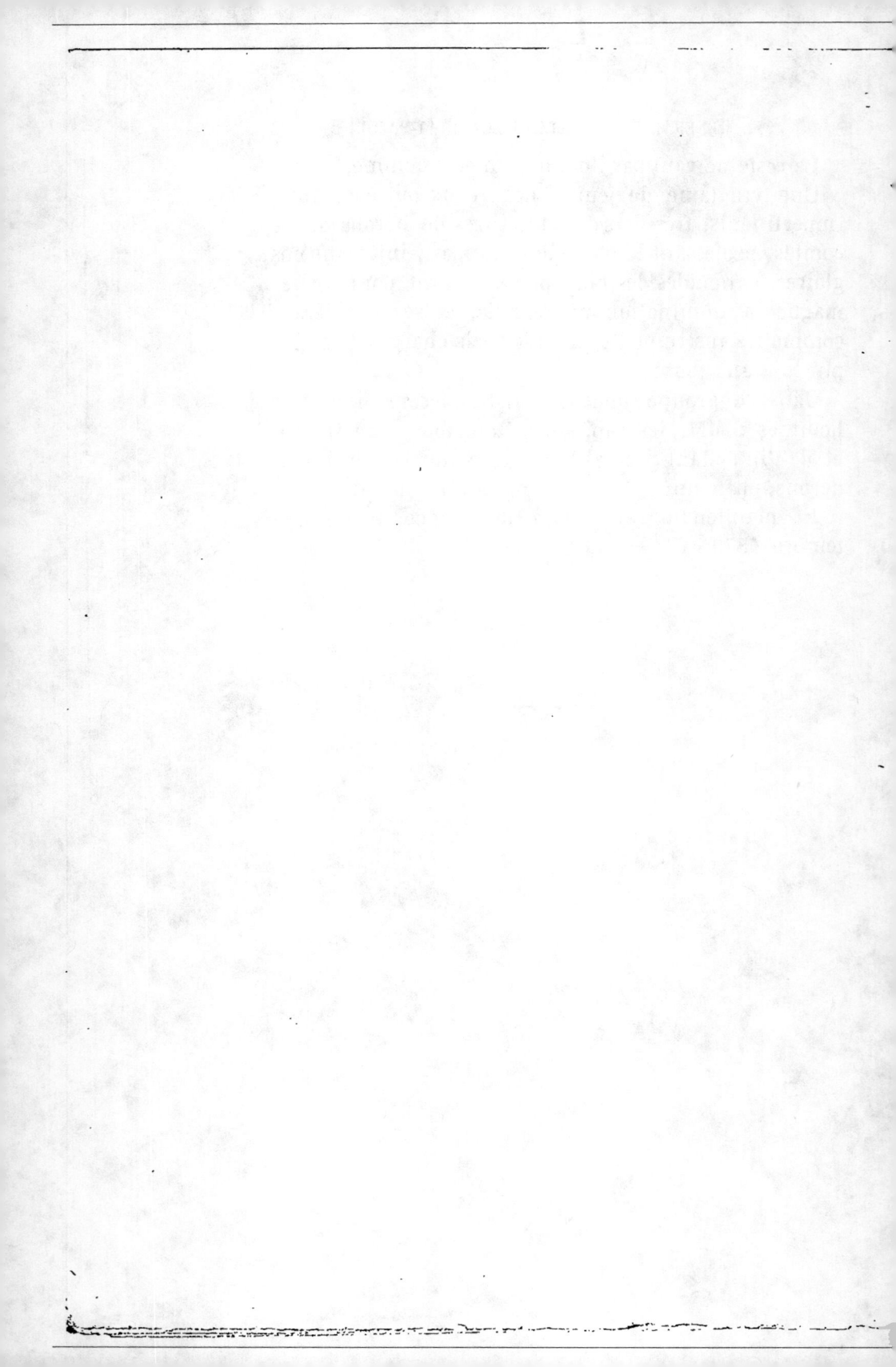

# PENDANT L'OCCUPATION.

Après avoir longuement et joyeusement déjeuné, le général d'Obernitz et son état-major visitèrent le parc de Plessis-Lalande dans toutes ses parties ; M. le comte Polliet, seul, ne s'éloigna point du château, et abordant de nouveau la directrice :

— « *Madame, lui dit-il, le déjeuner a été satisfaisant,* » *mais le vin a beaucoup laissé à désirer* (1). *Comment,* » *pas de vin de Madère ! pas de hauts crus de Bordeaux* » *et de Bourgogne ! pas de Champagne !! »*

— Mais, monsieur, nous ne possédons pas de pareils vins.

— « *Vous ne me ferez jamais accroire,* s'écria » M. Polliet — le maître d'hôtel — *que dans un aussi* » *beau château la cave puisse être aussi mal garnie ! »*

(1) P. S. Depuis le premier jour de l'envahissement de la France jusqu'au dernier jour de la guerre, la question des vins — et du champagne en particulier — a été la préoccupation principale, le *desideratum* prédominant des Allemands, à partir du soldat jusqu'à l'Empereur-Roi inclusivement.

— Plessis-Lalande n'est ni un château de plaisance,
ni un hôtel garni, ni un restaurant; c'est une *Maison
de santé*, et la médication hydrothérapique proscrit le
vin. Et un prospectus de l'Etablissement fut placé sous
les yeux de M. le comte.

— « *C'est égal, vous* DEVEZ *avoir de meilleur vin ! Je
» désire visiter vos caves.* »

Et M. Polliet — le sommelier — fut introduit dans les
caves, où il trouva une grande quantité d'eau minérale de Schwalheim et de Couzan, quelques pièces de
vin pour les domestiques, et quelques centaines de
bouteilles de vin semblable à celui qui avait été servi au
déjeuner.

Mais de même que Harpagon, après avoir visité les
deux mains de Maître-Jacques, demandait à voir *les
autres,* M. le lieutenant de gendarmerie, après avoir
compté les bouteilles, demanda à voir *les autres.*

— Monsieur, nous n'en avons point *d'autres*; je vous
ai montré tout ce que nous possédons.

— « *M. Fleury doit avoir des vins fins pour son usage
» personnel.* »

— M. le docteur ne boit pas de vin; il ne boit que
de l'eau.

— « *C'est bien, madame, réservons la question des
» vins; je me bornerai à vous dire, pour le moment,
» ajouta M. Polliet, le pourvoyeur de subsistances, que
» nos fourgons de provisions ne sont pas arrivés et qu'il
» faut nous faire préparer un dîner.* »

Le lendemain et le surlendemain, même jeu. « *Ce
» n'est, madame, qu'une avance que vous nous faites,* disait
» le lieutenant ; *je vous rendrai le tout, aussitôt que nos
» fourgons seront arrivés.* »

Le quatrième jour, les fourgons arrivèrent enfin;

M. le comte Polliet demanda les clefs de la cave et du garde-manger pour serrer ses provisions ; seulement il serra en même temps celles que, par précaution, l'on avait accumulées dans l'Établissement. Ceci fait, il ne rendit rien, mais il consomma tout, — Tout, c'est-à-dire le vin, l'eau minérale, l'huile à manger et à brûler, les bougies, le vinaigre, le beurre, les œufs, les jambons, le lard, les fromages, la farine, le riz, les pommes de terre, les conserves, etc. — sans parler du foin, de la paille et de l'avoine qu'il fit consommer par les chevaux de ses gendarmes.

Lorsque madame Vinant avait besoin d'un morceau de *notre* fromage, elle était obligée de le demander à M. le comte Polliet, qui traitait alors les *Français* de « mendiants », et les choses en arrivèrent à ce point, que la pauvre femme n'osa plus rien réclamer de ce qui nous appartenait, par crainte d'un refus ou d'une impertinence ! Les mots et les actes perdirent si bien leur sens grammatical et moral, qu'en un jour de disette je me rappelle lui avoir dit très-sérieusement : « *Tâchez donc* » de VOLER *au Polliet une poignée de* NOTRE *riz*. »

Terminons-en avec la question des subsistances. Après avoir mangé quelques canards soustraits aux poursuites des soldats, un porc et un veau qu'il fallut partager avec les envahisseurs ; après avoir payé des braconniers pour colleter, pendant la nuit, dans *mon* parc quelques-uns de *mes* lapins ; après avoir arraché, dans les champs abandonnés, quelques pommes de terre échappées aux recherches des maraudeurs, nous nous trouvâmes en présence de la famine. Impossible de se procurer même du pain. L'ennemi s'était emparé de toutes les farines qu'il avait trouvées et cuisait son pain dans les boulangeries abandonnées. A Pontault,

village distant de trois lieues, deux boulangers n'avaient
point quitté leur domicile, mais leurs fours étaient aux
mains des Allemands. Le curé vint à Plessis-Lalande
pour obtenir du général que l'un des fours fût réservé
aux besoins des populations voisines ; l'on commença
par le menacer de fusillade ou de pendaison, mais l'on
finit par lui accorder la *faveur* qu'il demandait ; il ne
nous fut guère possible d'en profiter. Il était fort difficile,
même à prix d'argent, de décider un homme à tenter
l'aventure d'un voyage à Pontault ; l'émissaire trouvé,
il fallait obtenir pour lui un sauf-conduit, et la *chancellerie* du quartier-général y mettait peu d'empressement et de bonne grâce ; souvent, quoique parti de
Plessis à trois heures du matin, il ne pouvait obtenir de
pain et revenait les mains vides ; parfois il était assez
heureux pour pouvoir acheter trois ou quatre pains,
mais alors, en revenant à Plessis, il rencontrait sur sa
route des soldats qui le maltraitaient et lui volaient —
non, pardon ! qui lui *réquisitionnaient* — ses pains, et
il revenait battu et pas content, mais toujours les
mains vides.

Le général eut connaissance de notre situation, ne
voulut pas permettre qu'on nous laissât mourir de faim,
et donna l'ordre de nous délivrer, chaque matin, une
certaine quantité de pain de munition et de viande.

M. l'intendant-général Kratzer jugea que pour nourrir
douze personnes (madame Vinant et ses enfants, le
comptable, M. Bolliet, les deux malades, le jardinier, sa
femme et son enfant, moi, madame Fleury et une domestique) six livres de pain et quatre livres de viande étaient
plus que suffisantes... Mais le pain manquait — nous
disait-on, — au moins deux fois par semaine, et pour
obtenir du soldat-boucher autre chose que des os et des

tendons, nous étions obligés d'acheter du vin et de lui
en donner trois ou quatre bouteilles par semaine !

Pendant ce temps l'état-major faisait bombance. Les
officiers chassaient dans les bois Saint-Martin, dans le
parc de Cœuilly, et y tuaient une énorme quantité de
gibier : faisans, perdrix, lapins, lièvres, chevreuils ; le
pillage — je me trompe toujours ! le *réquisitionnage* —
des châteaux et des fermes, opéré dans un rayon de
plusieurs lieues, fournissait en abondance des vaches,
des moutons, des poules, des canards, des oies, des conserves de légumes et de fruits, des confitures, etc., etc.

*La question des vins*, suivant les expressions de
Maître-Polliet, avait pris une grande extension. L'on
voulut me faire avouer les cachettes qu'avait *dû faire*
madame Vinant ; l'on voulut faire avouer à madame Vinant les cachettes qu'avait *dû faire* le docteur ; l'on
interrogea, l'on pressa, l'on menaça le jardinier ; l'histoire du propriétaire alsacien me fut racontée pour me
donner un sévère avertissement et m'inspirer une
salutaire terreur. Mais là où il n'y a rien, les rois de
Prusse, eux-mêmes, perdent leurs droits. Il fallut
chercher ailleurs. Toutes les caves de Villiers et du
parc de Plessis-Trévise furent visitées, explorées, fouillées ; l'on y trouva une certaine quantité de vin,
mais elle fut jugée insuffisante, et destinée seulement
à tromper l'ennemi ; et en ce point les envahisseurs
avaient deviné juste. Tous les jardins furent alors
sondés et bouleversés, quelques découvertes inatten-
dues, faites dans les propriétés de M. Duquesnoy, de
M. Combes, etc., inspirèrent de plus vastes espérances
et une nouvelle ardeur aux chercheurs d'alcool. M. le
capitaine de gendarmerie Heinrich fut chargé de diriger et de méthodiser les explorations. Tous les

matins cet officier se mettait en campagne suivi d'un sous-officier et de quelques soldats armés de pelles, de pioches, de tournées, de barres de fer et de brouettes. Parfois ces dernières ne servaient à rien, mais souvent elles ramenaient d'importantes captures dues à l'*habilité* (*sic*) du capitaine.

Or, cette *habilité* consistait tout simplement à faire subir aux maisons une véritable dévastation. Les parquets étaient soulevés, les fausses portes arrachées, les placards sondés, les cheminées abattues, les soupiraux, les ventouses, les grilles d'égout élargis et fouillés, les murs suspects abattus.

Une seule maison du parc de Plessis-Trévise, celle de M. Bazin, donnait un démenti à l'*habilité* du capitaine Heinrich. Pas une bouteille de vin! L'on s'acharna avec fureur, avec rage; les fosses d'aisance furent percées, les pierres de taille du perron furent brisées; l'on défonça un vieux bassin en ciment romain. Des recherches aussi obstinées amenèrent des dégâts ridicules, insensés! De la vaisselle, des cristaux, des vases en porcelaine, de la verrerie de Bohême, etc., furent trouvés dans des fosses creusées en divers points du jardin, mais de vin, point!

Le capitaine furieux en fit une question d'honneur. Ayant appris — par je ne sais quelle délation payée ou quel procédé d'intimidation — qu'un pauvre journalier, père de quatre enfants, avait travaillé chez M. Bazin, il le fit rechercher et conduire dans la propriété récalcitrante:

— « *Vous* DEVEZ *savoir*, lui dit-il, *où sont ici les ca-* » *chettes de vin, et vous allez nous les montrer.* »

— Monsieur le capitaine, je vous jure sur le bon Dieu que je ne sais même pas s'il en existe: je ne sais rien.

— « *Ah! vous ne voulez point parler, mais nous avons* » *un excellent moyen pour vous délier la langue.* »

Le malheureux Philibert fut attaché à un arbre, et pendant trois heures des sabres, des baïonnettes, des pistolets furent dirigés contre sa poitrine ; au bout de ce temps le capitaine donna l'ordre de le fusiller. En présence de la mort le pauvre diable jura, encore une fois, qu'il ne savait rien. On le relâcha. L'*habilité* du capitaine Heinrich fut définitivement mise en défaut. M. Bazin n'avait-il point caché de vin, ou bien est-il plus habile que ses voisins et que le capitaine Heinrich lui-même (1) ?

Pendant cinq semaines, et abstraction faite de nombreux intermèdes aussi réjouissants que celui que nous venons de raconter, ou même beaucoup plus réjouissants encore puisqu'il s'agit d'hommes et de femmes fusillés à Villiers, à Noisy-le-Grand, à Petit-Bry, Plessis-Lalande fut pour l'état-major du général d'Obernitz, une véritable Capoue. Le 18 octobre, anniversaire de la bataille de Leipzig et de la naissance du prince royal, le festin fut digne de Lucullus. La musique jouait ses plus brillantes fanfares ; des vases de Sèvres, pris dans le château et contenant de magnifiques bouquets cueillis dans le parc, ornaient la table ; le menu, écrit par le plus habile calligraphe de la chancellerie et distribué à chaque convive, annonçait du chevreuil, du lièvre, des perdrix, des faisans, des

(1) *P. S.* J'ai su, depuis, que M. Bazin n'avait pas caché de vin. Le légitime orgueil du capitaine Heinrich reste donc intact, et l'*habilité* de l'illustre réquisitionneur n'a subi aucun échec.

petits pois, des asperges en branches, des poires, du raisin, des ananas, etc. ; à chacun des quatre services et au dessert, furent servis des liqueurs, des vins appropriés, et choisis parmi les crûs les plus renommés de France, du Rhin, d'Espagne, et *réquisitionnés* dans les châteaux voisins.

Le temps était splendide ; les officiers pendant le jour montaient à cheval, se promenaient dans d'élégantes voitures *réquisitionnées*, chassaient, jouaient au billard ; le soir, commodément assis sur la terrasse du château garnie d'orangers, éclairés par des lampes, ils jouaient au whist, à l'écarté, aux échecs, aux dames, tout en buvant du punch, du grog, du vin chaud. A la vérité, pendant qu'ils se livraient à ces distractions, à ces festins, à ces jeux, l'on entendait tonner les canons des forts de Paris ; l'on se battait à Champigny, à Villejuif, à Neuilly-sur-Marne, etc., mais l'état-major ne s'en occupait guère ! Quelques officiers, armés d'une longue-vue *réquisitionnée* dans la maison de mon ami M. Boffinet — voire d'une énorme lunette astronomique, non moins *réquisitionnée* je ne sais où (1) — montaient sur le belvédère ; d'autres faisaient un temps de galop pour chercher des nouvelles, et c'était tout !

Les soldats avaient une table moins bien servie, et

---

(1) Cette lunette, malgré mes avertissements, fut hissée sur le belvédère ; le lendemain un coup de vent l'abattit ; elle tomba sur le sol en rasant la tête d'un factionnaire, et elle y resta faussée, bossuée et barrant presque la porte du château. Je la fis ramasser au bout de quelques jours et porter dans le péristyle, où elle est probablement encore. Quant à la longue vue de M. Boffinet elle a été emportée par ces Messieurs en dépit de mes plus instantes réclamations, et des assurances qui m'avaient été données !

souvent ils ne se gênaient point pour dire que la différence entre eux et leurs officiers était par trop considérable ; mais la vendange et le vin doux aidant,
l'ivresse leur faisait oublier leur mécontentement, que
dominait, d'ailleurs, l'inexorable discipline prussienne.

Mais tout finit dans ce monde, même les *réquisitions* fructueuses et le beau temps.

Le pays était épuisé ; l'on avait beau chercher, fouiller, intimider, emprisonner, l'on ne trouvait plus que
peu de choses, ou rien. La résistance de Toul, la destruction des ponts, celle du tunnel de Nanteuil rendaient
les communications avec l'Allemagne par voies ferrées,
sinon absolument impossibles, du moins très-difficiles,
incomplètes, interrompues ; les routes étaient encombrées par les transports de canons, de munitions, de
soldats, de blessés ; les vivres allemands se faisaient
attendre et le général d'Obernitz conçut de vives
inquiétudes. Les soldats, casernés dans le château de
Plessis-Lalande ou ayant trouvé le moyen d'y pénétrer,
s'introduisaient dans la cuisine et y volaient tout ce
qui leur tombait sous la main ; d'autres se jetaient sur
les débris et les dévoraient avec avidité ; l'on rencontrait dans les allées du parc des soldats pâles et amaigris
qui demandaient du pain !

Il fallut aviser ; l'on accorda à quelques-uns des
rares indigènes qui étaient restés à Villiers ou à Plessis-
Trévise, à des hommes que vingt fois l'on avait arrêtés, emprisonnés, maltraités, menacés de la corde ou
du fusil à aiguille, on leur accorda la permission de
vendre du pain, du fromage, etc., et d'aller s'approvisionner soit à Lagny, soit à Meaux, à Melun, etc. Ce
trafic prit un assez grand développement et les victimes

de la méfiance et de la brutalité germaniques se vengè-
rent en faisant payer à raison de 300 ou 400 p. 100
de bénéfice, les objets de consommation qu'ils débi-
taient. Mais en raison de leurs *réquisitions* antérieures
les Allemands avaient la bourse très-garnie de monnaie
française ; ils ne marchandaient pas et ne se refusaient
pas le vin. Dès ce moment, tout soldat que l'on rencontrait avait les mains et les poches pleines de bouteilles.
Plus tard, ainsi que nous le dirons, l'ivrognerie prit des
proportions dangereuses, et les officiers furent obligés
d'intervenir.

La disette pesa sur nous non moins lourdement que
sur les soldats, et sur l'état-major lui-même, dans une
certaine mesure. J'obtins alors, soit pour moi-même,
soit pour M. Bolliet, la permission d'aller nous ravitailler à Lagny, à la condition d'être toujours accompagnés d'un gendarme ayant reçu l'ordre de ne nous
quitter ni d'une semelle, ni d'une minute. A la vérité
une fois arrivés à Lagny, nous introduisions le gendarme dans un café, nous lui faisions servir du vin, et
nous allions tranquillement à nos affaires. Que n'obtient-
on pas du soldat allemand avec une bouteille de vin ! —
Malheureusement le vin était très-rare, et la puissance
du soldat, voire du gendarme, très-limitée !

Quoi qu'il en soit, ce fut grâce à l'amour que le vin
inspire aux races germaniques, qu'il me fut permis de
serrer la main à mes excellents confrères le docteur Bonnet, maire de Lagny, et le docteur Garnier. Rencontres
bien innocentes, dans lesquelles nous ne pouvions que
nous communiquer les douleurs de notre patriotisme,
mes confrères étant, comme moi, privés de toutes nouvelles, sans communication posssible avec l'extérieur
et, de plus, étroitement surveillés.

Nos voyages à Lagny, environnés de toutes sortes de difficultés, d'entraves, ne nous fournirent ni bougies, ni huile à brûler, ni sucre, etc., mais ils nous permirent de manger à peu près à notre faim ; alors eut lieu, de la part de nos aimables hôtes, une manifestation caractéristique.

L'ingénieux Polliet se persuada que notre-prétendu ravitaillement DEVAIT n'être qu'un masque, qu'un paravent, et que les subtances alimentaires que nous prétendions avoir été achetées à Lagny DEVAIENT sortir de quelques cachettes de Plessis-Lalande. « Mais alors, se » dit le pourvoyeur de subsistances, j'ai le droit d'en » *réquisitionner* au moins la moitié, et même de *réqui-* » *sitionner* le tout. »

La table des employés et des malades fut rigoureusement surveillée ; deux officiers, que je m'abstiens de nommer, me firent des visites domiciliaires... d'amitié à l'heure de nos repas ; leurs yeux restaient fixés sur la table, et lorsqu'ils voyaient apparaître des œufs, du fromage, un morceau de veau ou de mouton, ils s'écriaient avec colère et convoitise : « *Peste ! l'on mange bien ici !* » *Comment donc faites-vous ? Nous voudrions bien en* » *avoir autant.* »

— Rien de plus simple. Tout ce que vous voyez ici je l'ai acheté, *et payé*, à Lagny ; or, comme vous êtes infiniment plus riches que moi, il vous est extrêmement facile de vous satisfaire.

L'espionnage et les observations de ces deux *amis* devinrent intolérables, et pour les éviter nous nous empressions, au moindre bruit, de faire disparaître sous la table les plats et les assiettes contenant autre chose que des choux ou des pommes de terre. Un jour ma patience fut poussée à bout ; je fis fermer la porte et

3.

les volets pendant le déjeuner et le dîner, et nos amis les
ennemis furent obligés d'interrompre leurs visites quo-
tidiennes.

Le facétieux Maître-Jacques fit quelques tentatives
de réquisitionnage ; je donnai l'ordre de les repousser
avec la plus grande fermeté, et de mettre le lieutenant
de gendarmerie en demeure d'avoir recours à la force.
Mais le général était là, et l'on se contenta de prier
quelquefois M. Bolliet de rapporter de Lagny, *contre
remboursement*, un quartier de veau ou un gigot de
mouton.


Ce fut à cette époque que nous vîmes apparaître,
pour la première fois, de longs chariots attelés de
quatre chevaux, conduits par des juifs allemands, et
chargés de denrées alimentaires, de spiritueux, de
cigares, de vêtements chauds, etc. Ces honnêtes Israéli-
tes se répandirent dans le parc de Plessis-Trévise,
pénétrèrent dans le château, où des chambres leur
furent données, et se mirent à trafiquer avec les soldats et les officiers. Ils trouvèrent facilement le place-
ment de leurs marchandises, tout en s'occupant de
s'assurer un *chargement de retour* qui leur permît de
réaliser, en Allemagne, un bénéfice encore plus considérable que celui qu'ils palpaient en France. Le rechar-
gement fut aussi facile et aussi prompt que le déchar-
gement. Les officiers profitèrent avec empressement des
chariots pour envoyer à leur famille *des souvenirs de
la guerre*, c'est-à-dire des pendules, des meubles en
chêne sculpté, des meubles de boule, des tapis, des
bronzes, des objets d'art, des lampes, des bibelots de
toutes sortes ; quant aux soldats ils vendaient à vil

prix, ou échangeaient contre des cigares, de l'eau-de-vie, un saucisson, etc., tout ce qui leur tombait sous la main. Les maisons furent de nouveau visitées, fouillées et à ce coup *pillées à blanc*.

Je m'arrête, un paragraphe spécial devant être consacré aux divers modes de *réquisitions* qui ont été systématiquement pratiquées par les armées allemandes sur le territoire français, en l'an I<sup>er</sup> de la civilisation que M. de Bismarck a fondée sur le droit et la justice.

Cependant le siége se prolongeait ; le beau Polliet, lui-même, n'était plus sûr d'entrer dans Paris sous quatre jours ! et les officiers prévoyaient qu'ils resteraient à Plessis-Lalande « *pendant tout l'hiver.* » Or, les Allemands sont très-frileux, comme tous les peuples du Nord, et leur préoccupation dominante devint de s'installer de manière à souffrir le moins possible du froid.

Au château, les cheminées furent considérées comme insuffisantes, et l'on *réquisitionna* tous les poêles de fonte que l'on put trouver. Dans la salle de billard, parfaitement chauffée par un grand poêle de faïence, mais située au rez-de-chaussée, l'on condamna les portes de sortie sur le parc ; l'on y plaça des tapis et des rideaux *réquisitionnés* je ne sais où ; pour éviter de faire trois ou quatre pas dans un corridor intérieur, une communication directe fut établie entre le billard. et la salle à manger, et l'on y plaça une porte, arrachée avec son chambranle dans l'une des maisons du parc.

Les soldats se mirent à l'œuvre pour consolider et rendre plus chaudes toutes les constructions légères qu'ils avaient élevées au mois de septembre (corps de garde, cuisines, baraques, écuries, etc.), et couvertes avec des gerbes de blé et de seigle que le fermier de M. Edm. Santerre avait en vain demandé la permission de faire battre. Les propriétés subirent une nouvelle et troisième série de visites, et la dévastation fut portée à ses dernières limites. Toutes les toitures en zinc furent enlevées, les portes et les fenêtres arrachées, les planches, les poutres, les bois de construction *réquisitionnés*. A Villiers, le chantier du sieur Laloge fut complétement dévalisé !

Au château, le gymnase, le promenoir couvert, le bûcher furent convertis en écuries ; l'atelier de menuiserie fut transformé en cuisine.

Les mots : « *Il faut bien se prémunir et se défendre* » *contre le froid,* » devinrent une réponse universelle et péremptoire, autorisant tout, justifiant tout ; elle était prononcée, avec une magnifique impudence, par le pillard qui emportait une glace de Venise ou une pendule, comme par celui qui venait de *réquisitionner* des matelas, des couvertures, des tapis, des rideaux, etc.

Les rigueurs de l'hiver, si exceptionnellement long et froid de 1870-1871, commencèrent à se faire sentir. « *Il faut bien se chauffer*, dirent alors les braves Allemands, en se félicitant des immenses ressources que leur offrait, à ce point de vue, la localité. De nombreuses coupes de bois, sciées et métrées, étaient restées sur le terrain ; les plus considérables appartenaient à MM. Roger, Santerre, Duquesnoy, de Bully ; toutes les maisons contenaient une certaine quantité de combustible ; des *réquisitions* journalières permirent donc à l'ennemi de se chauffer largement, d'entretenir nuit et jour d'énormes feux de bivouac, etc., sans se donner beaucoup de peine ; il ne s'agissait que de se baisser et de prendre. Cependant les soldats casernés dans les maisons abandonnées estimèrent qu'il était encore plus simple et plus facile de brûler les meubles qu'ils n'avaient point voulu ou pu emporter ; les chaises, les tables, les commodes, les secrétaires, les bureaux furent successivement consumés.

Il résulte, d'ailleurs, des renseignements qui me sont parvenus et des notes qui ont été publiées dans divers journaux, qu'il en a été de même partout. On lit dans le *Gaulois* du 17 février (édition belge) :

« A Montmorency, lorsque le froid vint, les carreaux » brisés furent remplacés par des planches et des » torches de paille. La commune fut mise en réquisi- » tion pour fournir du bois à brûler. Quatre-vingts » ouvriers abattirent les arbres de la forêt, les scièrent » et les portèrent à domicile. Mais les Allemands ne » voulurent pas de bois vert. Ils arrachèrent les par- » quets, les boiseries, les cadres de glaces et pillèrent » le magasin de MM. Tessel et Vinot, marchands de » bois. »

Au château, après avoir épuisé nos approvisionne- ments de bois et de charbon de terre, l'on en vint également aux *réquisitions*. En ce qui concerne le bois, la chose, comme nous l'avons dit, était facile ; quant au charbon il n'en existait que dans le chantier du sieur Houdin, à Villiers, et c'est là qu'il fallait l'aller chercher. M. Polliet trouva un moyen tout germa- nique d'aplanir les difficultés. Il faisait atteler, sui- vant l'état des routes, deux ou quatre chevaux à un grand chariot, il désignait quatre gendarmes pour le conduire et l'escorter, et il *priait* M. Bolliet *de vouloir bien se charger de le faire remplir*. Celui-ci se rendait à Villiers, accompagné du jardinier, et là tous deux remplissaient le chariot de leurs propres mains, les bons gendarmes se contentant de les regarder faire en les narguant.

Ainsi que je l'ai dit, les Allemands sont très-frileux, aussi les soldats firent-ils du feu un usage ridiculement immodéré. Ignorant absolument la manière de se servir de nos cheminées d'appartement et de nos fourneaux de cuisine à charbon de bois, repoussant de parti pris et avec dédain tout conseil, tout avis, ils se refusaient obstinément à scier le bois, et jetaient dans les appareils des bûches d'un mètre de longueur, qui brûlaient les parquets et déterminaient des commencements d'incendie. Mais qu'importe ! si la maison brûle l'on ne s'en chauffera que mieux ! Ce procédé de combustion avait un autre résultat constant , celui de produire une épaisse fumée qui remplissait les habitations, à tel point que je n'y pouvais rester une minute sans larmoiement, toux et menace de suffocation. Eh bien, les braves Allemands vivaient dans cette atmosphère sans en éprouver le plus léger inconvénient ; singulière tolérance, qui établit un nouveau rapprochement entre les barbares Germains de nos jours et les peuplades les plus sauvages qui vivent dans des huttes pleines de fumée !


Le siége durait toujours et ne paraissait pas devoir se terminer de sitôt, en dépit des incessantes vantardises des hobereaux de l'état-major. Les officiers supérieurs appréciaient plus sainement la marche des

événements ; après avoir été convaincus que Paris ne
pourrait pas résister au delà de quelques semaines,
qu'il n'avait point d'armée, que la famine et la guerre
civile ne tarderaient pas à leur en ouvrir les portes, ils
comprenaient, maintenant, que la résistance pouvait
encore se prolonger pendant plusieurs mois, et ils en
ressentaient une vive impatience et une grande douleur, qu'exaspéraient les lettres qu'ils recevaient de
leurs familles. Les soldats étaient profondément découragés et s'abandonnaient au désespoir de la nostalgie ;
la vue d'un enfant faisait pleurer la plupart d'entre
eux ; ils disaient hautement que *les trois mois pour lesquels ils avaient été prêtés à la Prusse étaient écoulés*, et
qu'ils ne voulaient plus continuer la guerre ; que
d'ailleurs la prise de Paris n'était pas indispensable,
qu'il fallait se hâter de faire la paix et de reprendre le
chemin de la patrie. La démoralisation générale en
était arrivée à ce point, que si à ce moment il eût été
possible d'inquiéter, de harceler, de fatiguer l'ennemi
par de fréquentes sorties, ou même par des attaques
simulées, il eût été bien difficile aux Prussiens de
maintenir sous leurs drapeaux les Wurtembergeois et
les Bavarois.

Oui, tout ce que j'ai vu, observé, entendu, m'autorise à dire qu'il est profondément regrettable que
pendant les trois premiers mois du siége, alors que
l'ennemi n'avait autour de Paris que de l'artillerie de
campagne, que ses grosses pièces restaient embourbées
dans des chemins défoncés, que l'état des voies de communication rendait presque impossible le transport du
matériel et des munitions de siége, des subsistances,
des vêtements, etc., il est profondément regrettable,
dis-je, que les cinq cent mille hommes enfermés dans

l'enceinte des forts de Paris n'aient point *pu* (?) harceler davantage les assiégeants, détruire au fur et à mesure leurs travaux préparatoires de terrassements, de fortifications, établir des batteries avancées, s'emparer de certaines positions élevées, en un mot forcer l'ennemi *à élargir le cercle de l'investissement !*

Les Allemands savaient qu'à ce moment le succès de la guerre dépendait, pour eux : 1° de la destruction de l'armée de la Loire, 2° de la prise de Toul, du rétablissement du tunnel de Nanteuil, de la facilité et de la rapidité des moyens de transport ; 3° de la libre disposition de l'armée du prince Charles-Frédéric rendue possible par la reddition de Metz.

Si Bazaine avait tenu quinze jours de plus, Paris et probablement aussi la France étaient sauvés, car dans ce cas rien n'aurait pu arrêter la marche d'Aurelle de Paladines ou de Chanzy, mais si Trochu avait été plus audacieux, et surtout mieux informé par ses espions des positions et des dispositions de l'ennemi, Paris eût été probablement sauvé *avant la reddition de Metz*, car souvent pour envoyer des renforts au général Von der Thann les assiégeants furent obligés d'affaiblir outre mesure certains points de l'investissement. Que de fois des officiers ne m'ont-ils pas dit en se frottant les mains :

« *Maintenant que le danger n'existe plus, nous pouvons* » *vous le dire. Si les Français avaient* su, *il y a quinze* » *jours, à quel degré nous étions affaiblis sur tel point,* » *nous étions perdus. Mais de même, et pour la même* » *raison, que vous ne savez pas vous garder, vous ne savez* » *ni attaquer à propos, ni poursuivre convenablement vos* » *avantages.* »

Plus tard l'occupation du plateau d'Avron inspira aux Allemands les plus vives inquiétudes : aussi leur

joie fut-elle grande lorsqu'ils nous eurent délogés !
« *Mais*, disaient-ils, *pourquoi l'avez-vous occupé si tard,*
» *et pourquoi, l'ayant occupé, ne vous y êtes-vous pas éta-*
» *blis de manière à ne point pouvoir en être dé-*
» *logés ?* »

L'on comprend que ce n'est qu'avec une extrême
réserve que je me permets de faire intervenir ici de
semblables questions stratégiques et militaires, mais
ces questions ont été posées par nos ennemis eux-
mêmes ; il faut qu'il y soit répondu par les hommes
autorisés et compétents sur lesquels pèse la responsabilité de nos malheurs.

Revenons à notre sujet. Dans les conditions que
nous venons d'indiquer, la discipline se relâchait de
plus en plus. Les soldats flânaient dans le parc et
dans les propriétés de Plessis-Trévise, achevant et per-
fectionnant l'œuvre de la dévastation. Ils brisaient les
serres, les châssis de couches empilés dans les jardins,
(maisons Duquesnoy, Bazin, etc.), renversaient les sta-
tues, les jets d'eau, les vasques (maison Gaudy), faisaient voler en éclats, à coups de crosse, les vitres et
les glaces, émaillaient de coups de sabre les rampes des
escaliers, les bandes des billards (maison Brossier). Ce
fut la fantaisie de la dévastation. La destruction n'avait
plus d'autre motif que le plaisir de la destruction.

Le général ne voyait rien, parce que, fidèle à son
système, il fermait les yeux (1). Les officiers supérieurs,

(1) La cécité volontaire du général d'Obernitz pourrait être
expliquée différemment, si, comme on l'assure, des ordres
*très-supérieurs* avaient prescrit aux soldats allemands de
semer sur leur passage le plus de ruines et de dévastations
que possible.

—je dois le reconnaître— étaient malheureux, honteux de voir la force primer à ce point le droit et la justice, mais ils étaient complétement impuissants à réprimer le désordre. Vers le milieu du mois de novembre, Plessis-Lalande reçut la visite du général Fransecky. Cet illustre officier supérieur ne put, paraît-il, dissimuler l'étonnement et l'indignation que lui inspira la vue de tant de ruines. Le lendemain le commandant de gendarmerie se mit en campagne; les vasques, les jets d'eau furent relevés tant bien que mal, les fenêtres, les volets, les persiennes, les portes extérieures, les grilles furent refermés, et Plessis-Trévise revêtit une *apparence* d'ordre et de conservation tout à fait respectable. Trois jours après la dévastation s'étalait plus hideuse que jamais!

— «*C'est la faute des habitants*, s'écriaient les officiers. » *Jusqu'à la Ferté-sous-Jouarre, personne n'avait fui et* » *tout a été scrupuleusement respecté; à partir de cette* » *ville nous n'avons plus trouvé que des maisons dé-* » *sertes, et il nous a été impossible de les sauver du* » *pillage.* »

— Mais, leur disais-je alors, en leur montrant les quelques maisons encore habitées du parc, voyez donc si ces malheureux ont pu préserver leurs propriétés de la fureur de vos soldats.

—« *Après tout*, répondaient-ils avec impatience, *c'est* » *la guerre! et si au lieu de nous*, VOUS AVIEZ EU DES « PRUSSIENS VOUS EN AURIEZ VU BIEN D'AUTRES. »

Ces paroles m'ont été répétées cent fois, par les soldats comme par leurs chefs.

J'ignore si la soldatesque prussienne vaut encore moins que la soldatesque wurtembergeoise, moins-value qui me paraît devoir être singulièrement difficile à réaliser, mais la vérité m'oblige à déclarer que *tous* les officiers prussiens avec lesquels j'ai été en contact, se sont montrés hommes distingués, bien élevés, sérieux, instruits, d'une urbanité et d'une politesse irréprochables. Parmi eux je n'ai rencontré ni un Polliet, ni un Fichte, ni un Zeil, ni un Kratzer, ni un Heinrich, ni un Dillen.

Le temps était froid, pluvieux, tempétueux. Messieurs les officiers ne trouvaient plus autant de plaisir à manéger leurs chevaux autour de nos pelouses et à leur faire sauter les haies et les fossés de la terrasse du château ; l'état des routes rendait les promenades peu agréables ; la chasse était impossible et, d'ailleurs, plus de cinq cents faisans ayant déjà été tués, le gibier devenait rare. Le rôt en souffrait un peu, mais l'*habilité* du capitaine Heinrich sut trouver à cet inconvénient un agréable dédommagement. Dans une cave murée de la maison Evrard, échappée pendant six semaines aux investigations de l'éminent chercheur d'alcool, l'infatigable limier éventa trois mille bouteilles de vins fins. Quelle joie ! quel orgueil ! quelle gloire ! Le digne acolyte du capitaine en devint presque aimable pendant vingt-quatre heures ! et sa satisfaction se traduisit par un surcroît de largesses faites à la blanchisseuse et à la laveuse de vaisselle que nous avons dit avoir été les amies intimes de M. le comte Polliet.

De temps en temps le passage d'un ballon venait distraire l'état-major, en le plongeant toutefois dans un état d'exaspération et de fureur qui, par sa violence et ses manifestations, devenait ridicule et risible. J'ai vu

tirer des centaines de coups de fusil sur des ballons
étant évidemment hors de toute portée ; j'ai vu des soldats poursuivre les hardis navigateurs de leurs cris, de
leurs hurlements, de leurs injures, de leurs gestes dé-
sordonnés tant qu'ils les avaient en vue. Le 12 novembre
deux ballons (1) passèrent sur nos têtes, l'un se maintenant à une grande hauteur, l'autre (le *Niepce*) de cou-
leur brune et formé d'un tissu de coton revêtu d'un
enduit imperméable, marchant bas et lentement.
Celui-ci devint aussitôt le point de mire de tous nos
hôtes ; des officiers, armés de fusils à aiguille, se précipitèrent sur le belvédère du château et dirigèrent plusieurs coups sur l'aérostat. Je ne puis exprimer l'émotion et l'appréhension qui nous serraient la gorge ! Le
ballon passa, mais notre joie ne fut pas de longue
durée ! A quelques kilomètres du château, cinq balles
traversèrent l'étoffe du ballon, lequel s'abattit sur le
toit d'une ferme près de Ferrières (2). Les aéronautes,
que l'on eut beaucoup de peine à soustraire à la fureur
de la soldatesque et qu'on parlait de fusiller, furent amenés à Plessis-Lalande d'où, sur les ordres du général,
ils furent conduits à Versailles. Ils étaient au nombre
de trois ; je ne pus ni leur parler ni même apprendre
leurs noms ; les officiers, triomphants, se contentè-
rent de nous montrer avec orgueil les lambeaux d'étoffe
qu'ils s'étaient partagés, et les journaux photographiés
qu'ils avaient saisis et qu'ils ne voulurent pas me permettre de lire.

Dans deux circonstances, une récréation moins agréa-

(1) Le *Daguerre* et le *Niepce*.
(2) Voyez *Les Mondes,* n° du 29 juin 1871, pag. 381.

ble vint distraire l'état-major. Le 28 octobre, par une nuit noire, vers neuf heures, le clairon retentit tout à coup à Villiers, vers lequel se dirige au galop un corps de cavalerie venant probablement de Noisy-le-Grand. Les soldats de garde devant la grille du château crient : *Aux armes!* Les officiers se précipitent hors de leurs chambres; les uns grimpent au belvédère, les autres courent dans l'avenue de Villiers; les chevaux sont sellés précipitamment, et bientôt tout le monde est à cheval. Les domestiques font les malles de leurs maîtres; les soldats du train allument leurs falots et mettent les chevaux aux fourgons, dans lesquels les malles sont empilées à la hâte. L'on entend galoper les estafettes, l'agitation est extrême et tout annonce un départ précipité, une véritable fuite. L'on comprend quels sentiments devaient nous agiter! Quelle est, disions-nous avec une angoisse mêlée d'espoir, la cause de cette vive alerte? Les Allemands, à leur tour, n'ont-ils pas *su se garder*? Une heure s'écoula, et les malles furent réintégrées dans les chambres, les fourgons dételés, tous les chevaux ramenés à l'écurie, les armes disposées en faisceaux, et chacun alla tranquillement se coucher. Je n'ai jamais pu obtenir le moindre renseignement sur cet événement, dont la cause m'est encore parfaitement inconnue.

Vers la mi-novembre, le même fait se reproduisit un jour, à sept heures du matin, mais dans des proportions plus considérables. De l'infanterie, de la cavalerie, de l'artillerie prirent position devant le château et semblèrent se disposer à soutenir le choc d'un ennemi encore invisible. Après trois heures d'anxieuse attente, nous vîmes les troupes regagner leurs cantonnements et MM. les officiers se mirent joyeusement à table.

Le 16 novembre l'état-major sentit le besoin d'égayer ses soirées. L'on transforma une chambre à coucher en salon, et l'on y installa un piano et des tables à jeu *réquisitionnées* je ne sais où.

Le surlendemain, 18 novembre, à sept heures du matin, je fus averti que le général d'Obernitz et son état-major quitteraient Plessis-Lalande à midi. La surprise ne fut pas moins grande pour ces messieurs que pour moi-même; ils obéissaient à un ordre imprévu, motivé, paraît-il, par des mouvements opérés dans l'armée d'investissement en raison du départ de certains corps que l'on était obligé de diriger vers Orléans pour prêter main forte au général Von der Thann. A Plessis, nous disait-on, les Wurtembergeois vont être remplacés par des Saxons.

A huit heures, le comptable de l'établissement vint me demander avec qui et dans quels termes il devait traiter *la question d'indemnité.*

— Avec qui vous voudrez, mon cher Bolliet, et de la façon qu'il vous plaira; mais soyez sûr que dans tous les cas le résultat sera le même et se chiffrera par un imposant zéro. Heureux si l'on ne se moque pas de vous.

— Mais, monsieur le docteur, depuis longtemps déjà *le roi de Prusse a interdit les réquisitions,* et, d'ailleurs, j'ai ma responsabilité à mettre à couvert.

Le pauvre honnête homme ne voulut pas en démordre, et il me montra une pièce, vrai modèle de calligraphie, justifiant une indemnité de 16,000 francs pour perte de linge, de vaisselle, de verrerie, de batterie de cuisine; pour consommation de vins, de comestibles, etc.; pour détérioration du mobilier, etc. Sur son insistance je lui donnai le conseil de s'adresser à M. l'intendant général Kratzer. Il partit plein de confiance dans son bon droit.

M. l'intendant général écouta M. Bolliet d'un air à la fois sérieux et narquois, mais après l'avoir entendu, il se mit à rire à gorge déployée; appelant quelques hobereaux, qui se promenaient devant l'intendance, il leur montra la pièce si bien calligraphiée, et leur fit connaître les incroyables prétentions *du Français*. Ces messieurs s'en tordirent les côtes !

Non moins furieux que désappointé, M. Bolliet revenait chez moi pour me raconter sa mésaventure, lorsqu'à mi-chemin il rencontra l'agréable Polliet qui déjà était instruit de l'affaire.

— « *Eh ! cher monsieur*, s'écria le beau lieutenant, « *il paraît que vous avez une écriture superbe ! Montrez-* « *moi donc la pièce curieuse que vous avez dans votre* « *poche.* »

— Monsieur, s'écria Bolliet, pâle de colère, je n'ai pas affaire à vous; je la montrerai au général.

J'empechai Bolliet de tenter cette dernière démarche, mais le général avait été averti et dans la visite d'adieu qu'il voulut bien nous faire, M. le comte d'Obernitz prit la peine de m'expliquer, qu'en vertu du nouveau code militaire promulgué par M. de Bismarck, et en dépit des proclamations du roi de Prusse, l'administration de Plessis-Lalande n'avait droit à aucune espèce d'indemnité.

— J'en étais convaincu par avance, mon cher général ; ne prenez donc pas la peine de pousser votre démonstration plus loin.

— « *Soit, mon cher docteur ; je suis heureux de voir* » *que nous nous entendons parfaitement.* »

Le général nous tendit la main, et prit congé de nous en nous disant : *Que Dieu vous garde !* »

Nous ne l'avons pas revu, mais, comme on le verra, son rôle n'était point terminé en ce qui concerne Plessis-Lalande, — et Dieu ne nous garda pas !

Le quartier-général du corps d'armée wurtembergeois fut établi au Piple, dans un château appartenant à la famille Hottinger. M. le comte Polliet y emmena triomphalement sa laveuse de vaisselle, mais elle fut mise à la porte par la domesticité de M. Hottinger, et elle revint piteusement à Villiers, où cumulant, à l'exemple de son ex-protecteur, elle embrassa la double profession de maraudeuse et de cantinière. — *Sic transit gloria mundi !* Et ainsi passera la gloire du beau Polliet !

Dans l'après-midi, M. le général d'Obernitz fut remplacé à Plessis-Lalande par M. le général Reitzenstein, accompagné de ses aides-de-camp, MM. Pfaff et Schmidt, et d'une compagnie de *brancardiers-infirmiers* commandés par M. le capitaine Dietsch, fils du directeur du Gymnase de Stuttgardt.

M. le colonel Stoffel a beaucoup vanté l'organisation de ces compagnies de *brancardiers-infirmiers* composées d'hommes de la Landwehr et de volontaires. Notre opinion, formée non dans le cabinet d'après les renseignements fournis par des officiers d'état-major allemands, mais sur le champ de bataille et dans les ambulances, n'est point conforme à celle du colonel. Nous reviendrons bientôt sur ce sujet ; ici, nous nous contenterons d'affirmer que les *brancardiers-infirmiers*, ornés du brassard à croix rouge, sont de toutes les troupes allemandes les plus indisciplinées et les plus effrontément pillardes.

Le général Reitzenstein est le type du vieux grognard; il ne sait pas un mot de français et vit renfermé dans sa chambre, entre un cigare et une bouteille de vin; mais il condamne sévèrement le pillage et se montre très-strict en ce qui concerne la discipline.

Ainsi que je l'ai dit, le général d'Obernitz, mû par des considérations d'art, de science et d'humanité, avait fait respecter les locaux consacrés aux appareils hydrothérapiques; défense avait été faite d'y pénétrer; j'avais conservé la clef de la porte principale, et des espèces de cloisons avaient été élevées pour fermer les passages qui font communiquer les salles balnéatoires avec les corridors vestimentaires, lesquels avaient été abandonnés aux gendarmes.

Les *brancardiers-infirmiers* se précipitèrent comme un torrent dans ces corridors; en un instant toutes les barrières furent renversées, brisées, arrachées; les salles hydrothérapiques furent envahies et dépouillées de tout ce qu'elles contenaient, y compris une fort belle pendule en bois de chêne sculpté. Je fus averti; je me rendis immédiatement chez le général et me plaignis vivement. Le général fit appeler le capitaine Dietsch, et lui donna l'ordre de faire droit à mes réclamations, *dans les limites du droit de la guerre.*

Le capitaine, je dois le dire, fut indigné à la vue des dégâts commis; il adressa une vive réprimande au fourrier de la compagnie, fit remplacer dans les salles

4

hydrothérapiques tous les objets qui en avaient été enlevés, ordonna de rétablir les cloisons et de les respecter désormais ; enfin il me témoigna de vifs regrets et se mit à ma disposition.

Le surlendemain, 20 novembre, pour des raisons de convenance toute personnelle, le général Reitzenstein réoccupa la maison Gérard, à Villiers, et il fut remplacé à Plessis-Lalande par M. le colonel de cavalerie comte Norman (4ᵉ régiment, Reine Olga), accompagné du major Rœder, du lieutenant Einziel, du médecin de régiment Eyppert, d'un médecin vétérinaire et d'une trentaine de cavaliers.

Ce jour-là s'ouvrit pour nous une ère, hélas ! trop courte, d'ordre, de calme et de bien-être relatif.

Esclave de son devoir, le comte Norman fait son métier en soldat violent, passionné, mais aussi franc et loyal que brave. Il déteste la guerre ; il en abhorre les excès et les cruautés, qu'il réduit à leur minimum possible. Comme tous les officiers allemands intelligents, ayant le sentiment de la vérité et de la justice, il rend hommage à l'héroïsme de nos soldats, et fait peser la responsabilité des désastres qui, pour nos ennemis eux-mêmes, ont été un objet d'étonnement et de surprise, sur l'hébètement et l'incapacité militaire de Napoléon III ; sur l'ignorance, la faiblesse ou la trahison de ses ministres ; sur la légèreté, la négligence, les habitudes, les mœurs efféminées des généraux ; sur l'insuffisance de nos officiers d'état-major ; sur le relâchement des liens de la discipline et du respect hiérarchique ; sur l'infériorité de notre artillerie ; sur nos discordes civiles intestines ; enfin, et surtout, sur les *crimes* de l'administration de la guerre et de l'Intendance. Il prévoyait, et il m'a prédit avec une perspicacité et une exactitude que les événements n'ont que trop justifiées, les péripéties et l'issue de l'horrible guerre dans laquelle la nation française a été engagée, contre son gré, dans le but de sauvegarder des intérêts personnels et dynastiques.

Pendant la dernière semaine du séjour du général d'Obernitz à Plessis-Lalande, le désordre avait pris des proportions excessives. Les marchands de vins, les cabaretiers pullulaient dans le parc de Plessis-Trévise; les soldats se livraient avec fureur à l'ivrognerie; l'on ne rencontrait que des Allemands trébuchant, avec lesquels des misérables, indignes du nom de français, chantaient et criaient : *à bas la France, vive la Prusse!*

Les sentinelles se soutenaient à peine dans leurs guérites; en plein jour, malgré ma notoriété, mes sauf-conduits, ma connaissance de la langue allemande je fus arrêté, à deux cents mètres du château, par une patrouille, dont tous les hommes, y compris le sous-officier qui les commandait, étaient ivres-morts; pendant une demi-heure des sabres, des baïonnettes furent dirigés contre ma poitrine sans que je pusse obtenir de ces brutes soit de poursuivre mon chemin librement, soit d'être conduit par eux au quartier-général. Je dus avoir recours à la violence pour me débarrasser de ces dignes suppôts de M. de Bismarck.

Des femmes de mauvaise vie s'étaient établies dans plusieurs cabarets; là, s'accomplissaient d'ignobles orgies, pendant lesquelles des coups de fusils étaient tirés et des coups de sabre distribués au hasard.

Dès le lendemain de son installation, M. le comte

Norman se mit en devoir de faire cesser un pareil scandale. Une surveillance sévère fut exercée sur les cabarets ; le parc fut parcouru nuit et jour par des patrouilles non avinées; les hommes étrangers à la localité furent expulsés ; les femmes publiques furent renvoyées ou maintenues dans des limites plus étroites. En un mot, Plessis-Lalande et Plessis-Trévise prirent un aspect de bon ordre que je ne leur avais pas encore vu.

A notre égard personnel, M. le comte Norman se montra d'une convenance parfaite et d'une sollicitude touchante. Avec une insistance pleine de délicatesse, il nous obligea d'accepter, chaque matin, du pain, de la viande, du café, du sucre, du riz, des haricots, et un jour il nous envoya deux bouteilles de vin de Champagne! L'un de nos chevaux étant mort de faim, j'obtins du foin et de l'avoine pour le second. La nourriture que je me procurais à prix d'argent pour les vaches ne fut plus *réquisitionnée* au fur et à mesure de son introduction dans un vieux pigeonnier féodal transformé en étable.

Le comte Norman eut la courtoisie de me dire que mon couvert serait toujours mis à sa table, et à deux reprises je dus accepter une invitation trop cordiale pour pouvoir être refusée.

Le major Rœder est l'un des hommes les plus doux, les plus bienveillants, les plus humains que j'aie jamais rencontrés. Il eut mille bontés pour les enfants de madame Vinant et témoigna à madame Fleury les sentiments les plus respectueusement dévoués, s'efforçant autant que possible d'adoucir à ma courageuse compagne, épuisée de souffrances physiques et morales, en dépit de toute son énergie, les amertumes de la situation.

M. le docteur Eyppert, homme d'intelligence, d'esprit et d'instruction, d'un caractère charmant, d'une gaieté douce, se montra pour moi plein de déférence et de respect.

Nous redevinmes libres et maîtres chez nous. Notre séquestration cessa, mon confrère nous mena lui-même, avec ses chevaux, visiter Villiers, Noisy-le-Grand, Petit-Bry.

Sans doute c'était toujours la guerre. Sans doute ces hommes étaient toujours des ennemis; mais cette guerre était celle des peuples civilisés et ces hommes étaient des hommes d'intelligence et de cœur. Je serais heureux que ce témoignage de mon estime et de mes sympathies pût tomber sous leurs yeux.

Nous avions tous grand besoin de ce moment de répit; notre courage, notre résignation, nos forces étaient épuisés; mais, ainsi que je l'ai dit, il fut de courte durée, car il ne se prolongea pas au delà du 28 novembre, jour où cessa pour Plessis-Lalande la période d'occupation proprement dite, que vint remplacer une phase de carnage et de sang inaugurée par la bataille de Villiers.

Avant de retracer les terribles événements qui ont signalé l'avant-dernière phase de la période de temps qu'embrasse ce récit, je crois devoir m'arrêter un instant, et, jetant un regard en arrière, mettre en relief les caractères généraux et philosophiques de l'occupation dont je viens de faire connaître les faits principaux et les détails les plus importants.

4.

# CARACTÈRES GÉNÉRAUX DE L'OCCUPA-
## TION DE PLESSIS-LALANDE.

Je crois pouvoir rattacher à quatre chefs principaux les caractères moraux de l'occupation dont j'ai été le témoin à Plessis-Lalande. Des renseignements ulté·rieurs nous apprendront si ces caractères appartiennent spécialement aux Wurtembergeois ou si, comme je le crois, ils sont l'expression la plus générale et la plus tranchée du caractère national de tous les Allemands.

La *méfiance*, le *mensonge*, la *jalousie* et *l'envie*, *l'amour du vol et du pillage ;* telles sont les *qualités* que la guerre à mises en évidence à Plessis-Lalande. Les faits qu'il me reste à faire connaître justifieront, je crois, surabondamment, cette appréciation et cette assertion.

Méfiance. — La méfiance allemande est proverbiale, mais il importe d'établir ici une distinction.

Dans les relations habituelles de la vie civile et privée, la méfiance est un vilain défaut ; elle ne témoigne jamais en faveur de celui chez lequel elle est exagérée et poussée au delà de certaines limites.

Dans l'état de guerre, la méfiance est une nécessité

et une vertu militaires ; elle est toujours le gage de la
sécurité des armées, et, souvent, elle est l'instrument de
leurs succès. Mais pour nous, *la guerre ne justifie pas*
TOUT, et nous croyons être l'organe de la conscience
universelle en disant que la *méfiance militaire* elle-
même ne doit être qu'une *prudence perspicace*, et
qu'elle ne doit pas cesser d'être *raisonnable et honnête*,
sous peine de devenir odieuse et parfois criminelle.
Telle doit être la règle de la guerre civilisée et *mora-
lisée*.

Je dois reconnaître, tout d'abord, que la méfiance
étalée sous mes yeux à Plessis-Lalande, par l'état-
major prusso-wurtembergeois, ne s'est jamais portée
jusqu'aux derniers excès; à plusieurs reprises furent
amenés, comme prisonniers, à Plessis-Lalande des
officiers et des soldats de la ligne ou de la garde mobile ; des francs-tireurs, et de prétendus espions, c'est-
à-dire des hommes vêtus de blouses et ayant toutes les
apparences de braves paysans. Les militaires et les
gardes nationaux furent traités suivant les lois de la
guerre ; quant aux francs-tireurs et aux prétendus espions, le premier mot des hobereaux fut toujours qu'il
fallait les fusiller ou les pendre, et l'aimable Polliet se
donnait le plaisir d'affirmer, lorsqu'il les voyait partir,
qu'on les conduisait à la mort. Cependant, grâce à l'humanité du comte d'Obernitz et à l'intervention du
commandant d'Ellrichshausen, ces hommes furent dirigés sur Versailles ou livrés au général Tümpling.

Il va sans dire qn'il ne me fut jamais permis de
m'approcher de ces malheureux, et de leur adresser la
parole.

Mais si la méfiance de nos ennemis n'a pas été

cruelle, elle s'est montrée constamment puérile, ridicule, absurde, et, par conséquent, vexatoire, se portant à un égal degré sur les choses et sur les hommes.

A voir l'insistance, la rigueur, l'inquiétude mal dissimulée avec lesquelles les officiers exigeaient l'ouverture de toutes les portes, et même de tous les meubles, l'on aurait pu croire qu'un corps d'armée tout entier peut être enfermé dans un cabinet de toilette, et qu'un canon de 24 peut trouver place dans un tiroir de commode. Jamais agents de police, chargés d'opérer une visite domiciliaire à l'effet de s'emparer d'un papier important, n'ont procédé à des recherches aussi minutieuses et aussi acharnées, que celles qu'ont pratiquées ces messieurs.

Dans l'appartement occupé au château par le général d'Obernitz se trouvait une chambre, dans laquelle les malades qui l'occupaient, et qu'avait momentanément éloignés l'envahissement, avaient laissé des objets à eux appartenant. Cette chambre ne put être ouverte, les locataires en ayant emporté la clef. J'exposai moi-même le fait au général lui offrant, au cas où il le désirerait, de faire forcer la porte. Le comte d'Obernitz ne voulut pas y consentir, me déclarant qu'il n'avait aucun besoin de cette pièce. La confiance du général ne fut point partagée par ses officiers, et il ne s'écoula pas un jour sans que l'un ou l'autre de ces messieurs ne vînt me faire des questions, des allusions, des insinuations à propos de la *chambre mystérieuse.* Les choses en vinrent à ce point qu'un beau jour, à bout de patience, je fis venir un serrurier et forcer la porte. Ces messieurs purent alors constater, non sans un certain embarras et une certaine honte, que la *chambre mystérieuse* ne contenait que des vêtements d'homme et de femme, des objets de toilette, quelques volumes de littérature classique et des livres de piété ! Le château, les bâtiments de l'hydrothérapie, les communs, tout fut fouillé jusque dans les derniers recoins. .

A l'égard des personnes, la méfiance allemande se montra non moins ridicule, et fut plus regrettable. Tout homme était un *espion*, un *franc-tireur* ou un *zouave déguisé*. Depuis le commencement jusqu'à la fin je n'ai pu, ainsi que déjà je l'ai dit, ôter de l'esprit de ces gens-là que j'étais un *espion*, un *ennemi chargé d'une mission secrète devant s'acccomplir actuellement ou plus tard*. Quelques-uns m'avouaient franchement que telle était leur conviction, partagée par la plupart de leurs camarades.

—« *Le général et moi,* me disait le commandant d'El-» lrichshausen, *nous sommes pour ainsi dire les seuls qui ne* » *voulions pas le croire,* tant le rôle d'espion nous paraît » être incompatible avec votre position, votre caractère, » votre attitude et votre langage. » Néanmoins toutes mes paroles, tous mes gestes, tous mes pas, toutes mes actions, toutes les différentes expressions de ma physionomie furent observés, analysés, discutés, interprétés. J'étais trop ou pas assez triste, trop ou pas assez soucieux, que sais-je ! Le parc de Plessis-Trévise me fut assigné comme lieu de promenade, mais jamais je ne pus obtenir l'autorisation d'aller même à Villiers.

L'extrême sécheresse de l'année 1870, l'usage immodéré d'eau que faisaient les soldats et les chevaux de Plessis-Lalande et des environs, amenèrent une baisse rapidement progressive dans les eaux des douves qui entourent le château. Ces messieurs le constatèrent avec inquiétude, et le 20 octobre M. le docteur Fichte m'aborda avec solennité en me disant :

— « *Monsieur, savez-vous que les eaux baissent beaucoup ?* »

— Je ne le sais que trop, mon cher confrère.

— « *Mais, monsieur, pourquoi les eaux baissent-elles ?* »

— Pour deux raisons, mon cher confrère. D'abord parce qu'on en fait une consommation énorme, et ensuite parce qu'il ne pleut pas.

— « *Ceci n'est pas une explication suffisante, monsieur.* »

— Mon cher confrère, quand vous avez bu tout le vin contenu dans un tonneau, et que vous ne l'avez remplacé par aucun autre liquide, comment expliquez-vous que le tonneau soit vide ?

— « *Mais, monsieur, l'on dit que c'est volontairement que vous faites baisser les eaux.* »

— Vous a-t-on dit, mon cher confrère, par quel moyen j'obtiens ce résultat ?

— « *Non, monsieur ; mais vous pouvez l'obtenir par une* » *écluse, un canal d'épuisement, et par d'autres moyens* » *encore.*

— Je vous affirme, mon cher confrère, que ni ces moyens, ni aucun autre, n'existent à Plessis-Lalande, et je vous déclare que si je possédais un moyen quelconque de faire baisser nos eaux, je ne m'en servirais pas en ce moment.

— « *C'est égal,* murmura mon savant confrère en » *se retirant, vous devez avoir un moyen pour empêcher* » *les eaux de baisser.* »

Ma *culpabilité* fut considérée comme démontrée par tous les hobereaux de l'état-major. Pendant plusieurs jours l'on m'adressa toutes sortes de discours dont l'inévitable conclusion était : « *C'est égal, vous devez avoir le moyen d'empêcher les eaux de baisser.* »

Fatigué de ces obsessions et de ces soupçons, je m'adressai au général ; je lui exposai le fait, qu'il connaissait, et je lui en donnai l'explication, qu'il comprit parfaitement ; je qualifiai énergiquement la conduite de ses officiers, et je le priai de vouloir bien y mettre un terme. — Le silence se fit, mais ce ne fut qu'à l'époque où les pluies de novembre eurent fait remonter le niveau des eaux, que MM. Polliet et consorts voulurent bien admettre la possibilité de mon innocence !

Pour diminuer le nombre des mouches qui nous tourmentaient beaucoup, j'avais fait suspendre aux murs, couverts de treilles et de glycine, de notre châlet, quelques fioles à moitié remplies d'eau et de miel ; le petit-fils de l'illustre Fichte ayant aperçu l'une d'elles à côté de ma porte, me la désigna du doigt : « *Monsieur qu'est-ce que cela ?* me dit-il avec un ton conforme à la gravité de la circonstance et à ses hautes fonctions.

— Mon cher confrère, répondis-je gravement, c'est de la dynamite destinée à mettre le feu à une mine qui doit faire sauter le château.

Le non moins illustre petit-fils me regarda fixement pendant quelques secondes, et je ne suis pas bien sûr qu'il ait fini par comprendre que mes paroles n'étaient qu'une plaisanterie ; et je suis encore moins sûr qu'il ait saisi l'intention, peu voilée cependant, de cette plaisanterie.

Malgré tout, M. le médecin général avait pour moi une sollicitude toute confraternelle ; il me pressa bien des fois, dans l'intérêt de ma santé, ou de celle de madame Fleury, de *changer d'air*. — « *Allez à Lagny*, me » disait-il ; je puis y mettre à votre disposition une char- » mante habitation et j'y ai beaucoup d'amis auxquels » je vous recommanderai. » — Mais cher confrère, répondais-je, Lagny a été horriblement dévasté ; l'on n'y trouve plus une seule chambre habitable ; Lagny regorge de soldats allemands ; Lagny est encombré de blessés, la mortalité y est énorme, l'air y est beaucoup plus mauvais que celui que je respire ici. Que voulez-vous que j'aille faire à Lagny ? Le peu de santé qui me reste y périrait.

— « *Mais il vous faut* CHANGER D'AIR, » insistait-il.

— Eh bien, obtenez que l'on me permette de rentrer dans Paris.

— « *Cela est absolument impossible.* »

— J'irais volontiers à Orléans.

— « *Cela est non moins impossible.* »

— Que l'on m'autorise à me rendre à Bruxelles.

— « *Cela est toujours impossible.* ALLEZ A LAGNY. »

Lagny était l'idée fixe du cher confrère, et de la part d'un médecin aussi distingué, je n'ai pu m'expliquer la ténacité de cette hérésie hygiénique et médicale. Voulait-il, tout simplement, éloigner de Plessis-Lalande le *Français*, l'*espion* ? Caressait-il quelque noir projet ? — M. le médecin général trouvait mon modeste chalet fort confortablement installé ; peut-être n'eût-il pas été fâché de l'honorer de sa présence ; peut-être même, alors, eût-il poussé la condescendance jusqu'à y *réquisitionner* quelques tableaux qui avaient eu le bonheur de lui plaire. Quoi qu'il en soit, il n'eut pas la satisfac-

tion de me voir suivre ses conseils. Quelque temps
après les bombes me forcèrent d'abandonner mon
chalet, mais alors il était trop tard..... pour M. Fichte.

Au mois de novembre, la goutte m'envahit avec
violence. Le général, je me plais à le reconnaître,
en fut péniblement affecté ; il me fit dire par M. d'Ellrichshausen que si j'avais une demande quelconque
à lui adresser, elle serait certainement accueillie, et
il chargea M. le docteur Fichte de me visiter officiellement, à titre de médecin.

— « *Eh bien !* me dit mon savant et affectueux con-
» frère, *vous voyez que j'avais raison ; vous voici sérieu-*
» *sement malade ; il vous faut changer d'air.* ALLEZ DONC
» A LAGNY. »

— Confrère, répondis-je, ne parlons plus de Lagny.
Son cimetière est déjà trop étroit pour contenir tous vos
morts ; je ne veux pas y usurper une place qui vous
appartient de droit.

Je dois rendre justice à M. Fichte : il ne fut plus
question de Lagny.


Mes deux malades, MM. Letanneur et Jorro, les deux
hommes les plus inoffensifs que l'on pût rencontrer,
excitaient également à un haut degré la méfiance de
l'état-major. M. Letanneur en prit son parti et s'imposa
l'obligation de ne plus franchir les grilles du parc.
M. Jorro, plus indépendant de caractère, arguant de
son titre d'Espagnol pour invoquer son droit et sa
liberté, s'obstinait à diriger ses promenades tantôt vers
Villiers, tantôt vers Cœuilly. Maintes fois il fut arrêté
et traîné à Villiers, où son ignorance de la langue allemande et l'extrême difficulté qu'il éprouvait à s'expri-

mer en français, lui suscitaient mille embarras, mille difficultés, mille dangers. Un jour son arrestation se prolongea pendant plusieurs heures ; je conçus de vives inquiétudes et me livrai à d'actives démarches ; mais partout, et même de la part de M. d'Ellrichshausen, je ne rencontrai qu'indifférence, mutisme ou mauvais vouloir. Je découvris enfin, que mon confrère était détenu à Villiers et j'obtins, non sans peine, qu'il fût ramené à Plessis-Lalande dont, sur mon invitation pressante, il ne s'écarta plus. Mais rien ne put calmer les soupçons de MM. les officiers et l'impatience qu'ils éprouvaient à voir ces deux malades se promener tranquillement sur la terrasse du château et dans le parc. Le 26 octobre, il me fut déclaré que la présence de MM. Letanneur et Jorro devenait *inconvenante (sic), impossible,* et qu'il était urgent qu'ils partissent.

— Soit, répondis-je, ils partiront ; mais quels sont les moyens de transport et les garanties de sécurité que vous mettez à leur disposition ?

« *Cela ne nous regarde en aucune façon ; qu'ils s'ar-* » *rangent comme ils pourront.* »

— Monsieur, m'écriai-je avec indignation, je vous déclare que dans ces conditions je m'opposerai, et par la force s'il le faut, au départ d'hommes qui m'ont confié leur santé et leur vie. Pour les chasser d'ici de cette façon, vous serez obligés de les faire passer sur mon cadavre.

J'exigeais que ces messieurs fussent conduits à Versailles, dans une bonne voiture, munis de passe-ports en règle et sous escorte. La discussion fut vive ; heureusement que M. d'Ellrichshausen intervint, se chargeant de terminer l'affaire à la satisfaction de tous.

Le matin deux officiers de Versailles étaient venus,

dans une calèche, rendre visite au général ; à la prière
du baron d'Ellrichshausen, ils voulurent bien consentir
à se charger de MM. Letanneur et Jorro, que je fis
monter en voiture avec eux, après avoir constaté que
les passe-ports étaient en bonne et due forme. Ce départ
enleva aux hobereaux de Plessis-Lalande l'une de leurs
plus graves et plus constantes préoccupations (1).

La méfiance allait croissant à mesure que le siége se
prolongeait. A plusieurs reprises les quelques hommes

(1) Le 10 avril 1871, j'ai reçu de M. le docteur Jorro
une longue lettre, dont j'extrais les passages suivants :

« Depuis ce jour d'impérissable mémoire qui porte la date
» du 26 octobre 1870, je n'ai cessé de penser à vous, mon
» cher et respectable ami. Je vous ai vu, pendant longtemps,
» vous et les vôtres, morts de froid et de faim entre les
» mains de vos assassins. Plus tard, je me suis dit : « S'ils
» ont pu résister à l'horreur de leur situation, ils ont dû
» périr le jour de la bataille de Villiers, » et je n'ai pu me
» délivrer de ces lugubres pensées que le jour où votre lettre,
» tant désirée, est venue m'apprprendre que vous êtes encore
» en vie... Vous me demandez ce que nous sommes deve-
» nus après avoir quitté Plessis-Lalande ? — Nous sommes
» arrivés à Versailles à dix heures et demie du soir; à ce
» moment la voiture s'arrêta au milieu d'une avenue plantée
» de grands arbres; nous entendîmes le bruit de plusieurs
» objets que l'on jetait sur le pavé ; la portière s'ouvrit et
» l'un de nos compagnons prussiens nous dit : « Messieurs,
» descendez; vous êtes dans l'avenue de Paris; bonsoir, » et la
» voiture repartit au galop. — La nuit était noire; le temps
» était froid et la pluie tombait par torrents. Je restai de
» garde auprès de nos malles défoncées, et le pauvre Letan-
» neur se mit à errer au hasard, dans une ville que nous ne
» connaissions ni l'un ni l'autre, cherchant un gîte quel-

épars dans le parc de Plessis-Trévise, furent réunis, placés entre des gendarmes, interrogés, fouillés et munis de permis de séjour ; l'opération ne donnait aucun résultat, mais elle n'en était pas moins recommencée huit jours après. Parfois l'on expulsait quelques individus et on les envoyait à Lagny — probablement sur le conseil du docteur Fichte — mais ils ne tardaient pas à s'en échapper, et à revenir chez eux. Les rares habitants demeurés à Villiers furent définitivement expulsés.

» conque pour la nuit. Nous nous attendions à chaque ins-
» tant à être aperçus par des soldats prussiens, à être pris
» pour des espions et à être fusillés sur place. Au bout d'une
» heure de recherches, Letanneur eut la bonne fortune de
» découvrir une chambre où nous pûmes passer la nuit. Le
» lendemain, un mauvais cabriolet, qu'il nous fallut payer
» très-cher, se chargea de nous transporter à Mantes, où nous
» arrivâmes le lendemain, non sans avoir été arrêtés et
» interrogés un grand nombre de fois par des sentinelles
» prussiennes. Arrivés dans cette ville, nous y avons été arrê-
» tés pendant trois jours, au bout desquels l'on nous permit
» de nous diriger sur Vernon, où nous sommes arrivés le 31
» et où je me suis séparé de mon compagnon, heureux de
» se retrouver enfin chez lui.
   » Je suis parti de Vernon le jour même pour me rendre à
» Saint-Pierre de Vouvray, mais à mi-chemin, à Gaillon,
» mon passe-port espagnol, mon passe-port allemand et votre
» certificat furent considérés comme des pièces *insuffisantes*,
» et je fus arrêté encore une fois. Après trente-six heures de
» prières et de supplications, j'obtins l'autorisation de retour-
» ner à Vernon pour y chercher un permis de circulation.
» Celui-ci ne me fut accordé que pour Louviers, d'où l'on me
» dirigea sur Evreux, et ce ne fut que dans cette dernière ville
» que j'obtins enfin un passe-port pour l'Espagne. Le 7 no-
» vembre, j'entrais à Madrid. »

Un jour l'on constata la rupture du fil télégraphique ; quelques coups de fusil tirés le soir dans les bois firent croire à une irruption de francs-tireurs, éternel cauchemar des Allemands. L'on menaça de brûler le pays et de fusiller tout le monde. Mais le fil avait été rompu par le vent, et les coups de fusil étaient tirés par des soldats, tuant des faisans au branchage à coups de fusil à aiguille.

Enfin l'on en vint à me *prier* de ne plus allumer de lumière dans ma chambre à coucher, laquelle prenait vue sur Paris et particulièrement sur le fort de Nogent.

L'on sait sur quelle large échelle et avec quel dédain de tout scrupule les Allemands pratiquent l'espionnage. Certes leurs trop habiles espions leur ont rendu d'éminents services depuis le commencement de cette affreuse guerre, mais que nos ennemis y prennent garde. L'arme dont ils se servent avec une si perfide dextérité est une arme à deux tranchants, qui pourrait bien, un jour, se retourner contre eux. Du moment où les succès militaires ne seront plus le prix de l'intelligence, du génie, du courage, du patriotisme, de l'abnégation personnelle, mais le résultat calculé et certain des abus de confiance les plus honteux, des délations les mieux rétribuées, des trahisons les plus richement récompensées, la nation allemande fournira certainement, à celui de ses ennemis qui sera assez riche pour le bien payer, un large contingent d'espions et de traîtres. Jusqu'ici l'honneur français a repoussé avec trop de hauteur et de mépris l'emploi de ces honteux moyens ; mais, M. de

Bismarck aidant, la théorie de l'espionnage ne tardera pas à prendre place dans les traités de stratégie, et dans l'enseignement des écoles militaires de l'Europe civi lisée !

Cette digression me rappelle un fait singulier, dont je n'ai jamais eu l'explication, et qui se rattache aux manœuvres stratégiques dont il est question.

Dans les premiers jours du mois de décembre, M. de Langenbeck se présenta chez moi à sept heures du soir, demandant à me parler.

— « *Monsieur le docteur*, me dit-il, *je viens au nom* » *du général d'Obernitz vous prier de vouloir bien* » *accueillir, avec bonne grâce, trois jeunes Allemands qui* » *viennent de Paris, et qui doivent passer ici quelques* » *jours.* »

— Monsieur, répondis-je, vous disposez ici de toutes choses ; donnez vos ordres au château. Quant à moi, je n'ai pas à intervenir dans la réception d'hommes que je ne connais pas et qui, à aucun titre, ne peuvent être mes hôtes personnels.

M. de Langenbeck s'inclina et partit. Une heure après, trois hommes, âgés de 23 à 25 ans, de petite taille, d'apparence vulgaire et habillés en bourgeois avec des vêtements neufs se ressemblant exactement, se présentèrent chez moi. Je les pris tout d'abord pour des ouvriers cordonniers, chapeliers ou tailleurs, expulsés de Paris, mais je fus immédiatement dé-trompé.

— « Monsieur, me dirent-ils, nous sommes des » officiers prussiens ; nous avons été faits prisonniers,

» conduits à Paris et logés à l'Élysée. Au bout de trois
» jours le général Trochu nous a fait appeler et nous
» a fait connaître que la liberté nous était rendue. L'on
» nous a revêtus des habits que vous voyez, afin de
» pouvoir traverser Paris sans être exposés aux fureurs
» de la populace, et l'on nous a conduits aux avant-
» postes, d'où nous venons à pied. Voulez-vous être
» assez bon pour nous accorder une hospitalité de
» quelques jours ? »

— Messieurs, vous n'êtes pas ici chez moi ; vous êtes
dans une propriété militairement occupée par vos compatriotes. Adressez-vous aux officiers qui se sont
emparés du château de Plessis-Lalande.

L'histoire me parut fort singulière et je m'efforçai
d'en obtenir l'explication, mais en vain ; mes questions
ne reçurent que des réponses évasives, et je fus obligé
de me contenter d'assertions auxquelles je n'accordais
pas la moindre foi. Trois jours après, ces messieurs
vinrent prendre congé de moi, mais cette fois ils étaient
en uniforme, et ils me dirent que c'était le général
Trochu qui avait eu la bonté de leur faire parvenir leurs
vêtements militaires et leurs armes.

Quelqu'un possède-t-il le mot de cette étrange énigme ?
C'est probable. Mais ce quelqu'un le dira-t-il ? J'en
doute. Pour moi, voici l'hypothèse la plus probable. Ces
trois officiers ont pénétré dans Paris avant l'investissement à l'aide d'un travestissement, et ils y sont restés
jusqu'au jour où, leur présence y étant devenue inutile
ou dangereuse, ils ont trouvé une occasion favorable
pour s'échapper.

N'est-ce point par l'intermédiaire d'hommes de cette
espèce et par l'emploi de semblables moyens, que
M. de Moltke a pu être si constamment et si exactement

informé des mouvements de troupes opérés dans Paris et dans l'enceinte des forts?

MENSONGE. — Les officiers et les journaux allemands ont protesté avec une grande véhémence et une profonde indignation apparente, contre les *mensonges*, les *fausses nouvelles*, les *bulletins trompeurs* qui, pendant le cours de la guerre, ont été, suivant eux, publiés par la presse française, par les membres du gouvernement de la Défense nationale, par les généraux, et surtout par l'héroïque Gambetta.

— « C'est une infamie, s'écriaient-ils avec fureur ; » c'est une déloyauté, c'est une honte, c'est une tra- » hison, c'est un crime ! Ces gens-là mentent à la » nation française ; ils propagent des illusions funestes ; » ils font naître des désirs et des espérances impos- » sibles à réaliser, le tout pour servir leurs intérêts per- » sonnels et leurs passions politiques. Ceci n'est plus » du patriotisme ; c'est une ruse insensée, inspirée par » l'orgueil diabolique qui caractérise les Français. »

Et ainsi ils faisaient peser leurs anathèmes non-seulement sur tous les organes de la politique et de la guerre, mais encore sur la nation tout entière.

« Prolonger la guerre, continuaient-ils, faire encore » verser des torrents de sang, accumuler les ruines sans » rien changer à une issue désormais fatale, est le seul » résultat possible de ces criminelles machinations. »

Les événements n'ont hélas ! que trop justifié ces sinistres prédictions, mais le résultat eût-il été tout différent que nos ennemis n'eussent pas hésité à traiter de misérable et de malfaiteur celui qui, par un effort suprême de son génie, eût trouvé le moyen de

5.

sauver la France au prix de longs et douloureux efforts.

*Prolonger la guerre!* — Là était le mot de la situation. Ces hommes étaient tellement fatigués, épuisés; tellement impatients de reprendre le chemin de l'Allemagne; tellement désireux de retourner à leurs affaires; ils avaient une telle soif de revoir leur patrie, leurs femmes, leurs enfants, leurs familles, que toute intervention ayant pour effet de *prolonger la guerre* excitait leur haine et leur colère, et devenait un crime à leurs yeux! S'avouer vaincus et se rendre à discrétion, tel était, suivant MM. les Allemands, le seul et strict *devoir* des Français.

Je n'avais ni les moyens ni la volonté d'entamer des discussions qui, pour arriver à une conclusion sérieuse, eussent exigé des détails, des renseignements, des pièces que je ne possédais pas; mais je disais hautement que ces objurgations ne faisaient que démontrer, une fois de plus, l'éternelle vérité de la parabole de la poutre et de la paille.

Quoi! c'était à moi que l'on osait tenir ce langage; à moi, que l'on n'a pas abordé une seule fois sans me débiter, avec une impudente audace, des *mensonges*, des *fausses nouvelles*, des *bulletins trompeurs* et même des *inepties* que repoussait le plus simple bon sens.

Je me suis demandé bien des fois jusqu'à quel point ces hobereaux wurtembergeois me supposaient crédule, stupide, idiot, pour penser qu'ils pouvaient ainsi non-seulement me faire prendre des vessies pour des lanternes, mais encore des lanternes à double réflecteur pour des vessies !

« Paris est affamé, me disait-on dès les premiers jours » d'octobre; le peuple parcourt les rues en demandant » du pain; on lui répond par des coups de canons

» chargés à mitraille. — Rochefort s'est emparé de la
» dictature, et la guillotine est en permanence sur la
» place de la Concorde. — La grande majorité des
» habitants de Paris veut la capitulation et la paix ; les
» rouges seuls poussent à la résistance, et les deux
» partis en sont venus aux mains ; le canon tonne dans
» les rues de Paris. »

— Vos espions vous volent indignement votre argent,
disais-je en souriant à M. d'Ellrichshausen, ou bien vos
camarades me tiennent pour le plus grand imbécile de
la terre. Dites-leur donc que je ne crois pas un mot de
tout ce qu'ils racontent.

Un incendie se déclara dans un entrepôt de pétrole
de la Villette, au commencement du mois de novembre.
— « Voyez, s'écrient ces messieurs, nos bombes ont
» mis le feu aux quatre coins de Paris ! » — Pas un seul
projectile allemand n'était encore tombé dans la ca-
pitale !

Les capitulations de Laon, de Strasbourg, de Metz,
m'ont été annoncées cinq ou six fois avant qu'elles
n'aient eu lieu.

Tout le monde s'étonnait de l'inaction dans laquelle
se maintenaient nos ennemis depuis deux mois —
» C'est un effet de la générosité, de la magnanimité de
» notre roi. Il ne veut plus qu'une seule goutte de
» sang soit versée. Paris ne sera ni bombardé ni pris
» d'assaut ; nous nous contenterons, en maintenant
» l'investissement, de le réduire par la famine. » —
Cependant des combats avaient lieu chaque jour et le
sang allemand coulait non moins abondamment que le
sang français. — La magnanimité de votre roi, leur disais-je, n'atteint pas son but ; vous feriez donc bien
d'en finir au plus tôt, si cela vous est possible,

— « Nous sommes prêts ; notre roi n'aurait qu'à dire
» un mot pour qu'immédiatement Paris fût bombardé
» par tous les points de son périmètre. »

Et il était notoire qu'à ce moment les Allemands
n'étaient point encore parvenus à mettre en position
une seule de leurs pièces de siége.

Ces assertions mensongères furent reproduites bien
des fois, et à cette occasion j'ai pu constater avec quel
magnifique aplomb des officiers supérieurs pris en fla-
grant délit de mensonge, répétaient, quelques jours
après, les mêmes faussetés.

Ce que l'on se proposait surtout, par ces assertions
mensongères, c'était de rassurer les soldats et de leur
faire prendre patience ; aussi tenait-on beaucoup à ce
qu'elles fussent répandues et propagées dans les régiments ; à cet effet, tout moyen était bon. M. le comte
Polliet, l'un des plus féconds *reporters* de l'état-major,
s'empressait de *confier* ces communications à ses
bonnes amies la blanchisseuse et la laveuse de vaisselle,
en leur recommandant le secret. Tout naturellement
ces femmes n'avaient rien de plus pressé que de transmettre les nouvelles à leurs amis et connaissances, en
preuve de la confiance dont les honorait M. le comte.
Ceux-ci faisaient écho, et devenaient ainsi, à leur insu,
les alliés des ennemis de leur patrie.

Toutes les semaines l'on assignait un jour fixe au
commencement du bombardement de Paris et à la capitulation de la ville.

Antérieurement à la bataille de Coulmiers, l'armée
de la Loire a été cinq ou six fois dispersée, détruite,
anéantie par l'état major de Plessis-Lalande, aussi ne
puis-je me rappeler sans émotion et sans orgueil la

piteuse figure que firent MM. les hobereaux, lorsqu'il ne leur fut plus possible de dissimuler la victoire du général d'Aurelle de Paladines !

Voilà les hommes qui se permettaient de traiter d'*infâmes menteurs* les Jules Favre et les Gambetta !

Cette impudence finit par révolter quelques consciences honnêtes, même en Allemagne. On lit dans le *Volkstaat* de Leipzig, n° du 21 décembre 1870 :

« L'armée de la Loire, *douze fois dispersée, détruite,* » *dissoute*, est toujours sur la Loire, et fait sentir sa » présence aux Allemands, pendant que dans le sud » s'organisent de nouveaux corps — L'*introuvable* » armée de l'Ouest est visible à l'œil nu. — Garibaldi » et l'armée des Vosges, malgré leur *fuite précipitée* et » leur *déroute*, sont toujours dans les Vosges. — Les » *ruines* de l'armée du Nord s'avancent menaçantes, » vers Paris. — Paris, enfin, qui devait être *irrévoca-* » *blement bombardé* le 24 octobre, puis le 29, puis le » 1er, le 14, le 20 et le 24 novembre, puis le 1er, le 10, » le 15 et le 19 décembre, Paris n'est pas encore bom- » bardé aujourd'hui ! »

La condamnation est-elle assez complète, assez péremptoire ? Et les juges qui prononcent cet arrêt sans appel sont des Allemands !

JALOUSIE, ENVIE. — « *Que la France est belle ! Que la France est riche !* » — Tel est le cri qu'ont poussé les Allemands à chacun des pas qu'ils ont faits sur notre territoire. Mais n'allez pas croire que ce cri soit exclusivement un tribut d'admiration payé à la douceur de notre climat, à la grâce de nos paysages, à la splendeur de nos sites, à la richesse de nos vignobles, à la beauté de nos monuments publics, au bon goût qui caractérise toutes les productions de nos industries ; à l'intelligence qui préside aux installations de notre vie de famille ; au luxe, néfaste mais splendide, qui a été l'un des principaux instruments de notre abaissement et de notre ruine !

Non ; ce cri est aussi, et surtout, l'expression d'un sentiment de jalousie, d'envie, de haine, et c'est avec une sorte de fureur sauvage qu'il est proféré par nos ennemis !

« *Que la France est riche !* » Combien de fois ces mots n'ont-ils pas retenti à nos oreilles ! et combien de fois dans des circonstances qui ne le justifiaient ni ne l'expliquaient ! C'est avec un profond étonnement que je voyais des barons, des comtes, des princes s'extasier devant certaines maisonnettes du parc de Plessis-Trévise appartenant à de modestes négociants du faubourg Saint-Antoine ! Pour les Allemands, toute habitation d'un aspect gracieux est un *château;* des hommes ayant cent mille francs de rente admiraient une petite serre tempérée de quinze mètres de longueur, et la considéraient comme un témoignage du *besoin effréné de confort et de luxe qu'éprouvent les Français !* Une statue en béton aggloméré de cent francs, une volière, un jet d'eau avec ses vasques en bronze, un arbre d'agrément d'une valeur de 40 à 60 francs excitaient leur admiration et leur convoitise. Nouveaux Huns ou Visigoths, ces barons, ces comtes, ces princes auraient voulu pouvoir tout emporter sur le pommeau de leurs selles !

Je ne crains pas de l'affirmer : ces sentiments de jalousie, d'envie, d'orgueil blessé par la comparaison de notre pays avec le leur, ont été l'un des plus puissants stimulants de la haine que ces hommes ont vouée à la France, et de la fureur sauvage avec laquelle ils ont saccagé et ruiné notre malheureux pays. « *La France est si riche !* »

Oui, la France est riche ! mais elle l'est surtout en grandeur d'âme et en générosité, et c'est avec un légitime orgueil et un grand bonheur que nous avons entendu l'illustre Liebig opposer aux passions honteuses de ses compatriotes le souvenir de la grande, noble et généreuse hospitalité que nos plus illustres savants ont toujours prodiguée aux jeunes Allemands venus à Paris pour se rapprocher du grand foyer intellectuel qui éclaire le monde, hospitalité dont le grand chimiste se proclame le reconnaissant tributaire.

Les splendeurs de l'Exposition universelle de 1867, les millions gaspillés par M. Haussmann pour l'embellissement de Paris, le faste insolent déployé par l'homme de Sedan aux Tuileries, à Saint-Cloud, à Compiègne, à Fontainebleau, pour la réception des souverains de l'Europe, ont singulièrement contribué à surexciter la fureur jalouse de nos ennemis. Aussi est-ce avec une sorte d'ostentation qu'ils ont opposé à nos mœurs de bas-empire la simplicité et l'austérité des habitudes de celui qui, après nous avoir fait rudement expier les vaines satisfactions de notre vanité, est venu ceindre dans les pompeux salons de Versailles la couronne d'Empereur d'Allemagne !

AMOUR DU VOL ET DU PILLAGE. — Comme les sauvages, comme tous les peuples chez lesquels la corruption a devancé la civilisation, les Allemands sont naturellement enclins au vol, et à ce point de vue, comme à beaucoup d'autres, ils sont encore les Germains qu'a décrits Tacite.

En ce qui concerne la conduite tenue par leurs soldats pendant le cours de cette funeste guerre, toute contestation est impossible. Le vol et le pillage ont été exercés sans scrupule, sans frein et sans limites ; les plus modestes villages ont été livrés à toutes les horreurs que ne subissent ordinairement que les villes prises d'assaut, le viol excepté. Les faits sont patents ; les témoignages sont irrécusables et aucune dénégation n'a osé se produire. Les détails dans lesquels nous sommes entré à l'égard du pillage de Plessis-Trévise, ceux que nous aurons bientôt à produire et qui se rattachent au pillage du château de Plessis-Lalande lui-même, suffiraient à eux seuls pour justifier une accusation que personne d'ailleurs, je le répète, n'a osé relever.

Que si le moindre doute pouvait encore subsister, il devrait disparaître en présence du fait suivant.

Après les batailles du 30 novembre et du 2 décembre, des fusils, des sacs militaires et des bottes furent entassés, en nombre énorme, sur la terrasse du château de Plessis-Lalande. Au bout de quelques jours, des chariots furent envoyés pour enlever le tout, mais avant de procéder à l'enlèvement des sacs, deux hommes furent chargés de les vider et d'en jeter le contenu au vent. Voici l'étrange spectacle qui s'offrit alors à nos regards.

Ces sacs étaient remplis de divers objets appartenant pour la plupart à la toilette féminine : manchons, jupons brodés, cols et manchettes, bonnets, mouchoirs de poche, dentelles, ombrelles, etc., etc. Dans un rayon de plusieurs mètres autour des tas de sacs, ces objets jonchèrent le sol, s'accrochèrent aux haies et aux charmilles, et ils y restèrent jusqu'à ce que les maraudeurs indigènes, en tête desquels figurait l'amie du comte Polliet, — hélas ! bien déchue de ses grandeurs — les eussent pris pièce par pièce.

Donc, l'on passe condamnation en ce qui concerne les soldats ; mais des accusations de vol et de pillage ont été dirigées contre les officiers eux-mêmes, et ici de violentes réclamations se sont produites dans la presse allemande. — « Non, a dit le *Moniteur prussien de* » *Versailles*, nous n'admettons pas que des officiers al- » lemands aient pu souiller leurs épaulettes par des » actions aussi honteuses et aussi contraires à l'honneur » militaire. De semblables allégations ne doivent être » énoncées qu'avec preuves à l'appui, et tant que ces » preuves n'auront pas été fournies, nous proclamerons » ces allégations infâmes et calomnieuses. » Cette susceptibilité est honorable, et cette exigence est légitime. Nous allons essayer de donner satisfaction au *Moniteur prussien*.

Commençons par quelques questions, auxquelles nous espérons qu'il sera, de part et d'autre, péremptoirement répondu.

Est-il vrai que le prince Frédéric-Charles ait fait enlever du château de Frescati, appartenant à M. Dasnière, le guéridon sur lequel a été signée la capitulation de Metz, et qu'il ait fait remettre au gardien du château la somme de 40 francs, comme représentant la valeur d'un meuble historique estimé cinq ou six mille francs.

Est-il vrai que le prince Frédéric ait *réquisitionné* un magnifique *huit-ressorts* appartenant à madame Pescatore, qu'il s'en soit servi pendant son séjour à Versailles, et que cette voiture, au lieu d'être réintégrée dans les remises de la Celle-Saint-Cloud, ait été dirigée vers Berlin ?

Est-il vrai que des tableaux et des objets d'art d'un grand prix aient été enlevés au château de Grosbois pour orner les palais de l'empereur-roi ?

Et maintenant, voici des *affirmations* que nous plaçons sous la garantie de notre honneur.

Au mois d'octobre 1870, je pénétrai un soir dans la maison de mon ami M. Boffinet, pour constater si elle avait subi de nouvelles déprédations. J'y trouvai deux soldats allemands occupés à charger sur les épaules de l'un deux une table à ouvrage en laque, appartenant à madame Boffinet.

— Que faites-vous là, leur dis-je en allemand ; de quel droit enlevez-vous ce meuble ? Savez-vous quel est le nom de l'action que vous commettez ? C'est un vol. Êtes-vous des soldats ou des voleurs ?

Cette apostrophe véhémente déconcerta ces deux hommes.

— « *Mais, monsieur*, me dirent-ils en balbutiant, » *nous prenons ce meuble sur l'ordre d'un officier, auquel* » *nous devons l'apporter.* »

— D'un officier ! quel est son nom ?

— « *Nous ne le savons pas.* »

— Où est-il cantonné ?

— « *Au château de Lalande.* »

— Au château de Lalande ! mais c'est chez moi. Eh bien, laissez cette table, et allez dire à votre officier que vous avez trouvé ici le docteur Fleury, lequel vous a défendu d'emporter le meuble, en vous disant que c'est à lui qu'il faut s'adresser. Les soldats obéirent.

Une demi-heure après, rentrant au château, je rencontrai M. d'Ellrichshausen.

— Commandant, lui dis-je, il vient de se passer un fait auquel j'attache une certaine importance ; je voudrais vous en entretenir ; veuillez entrer chez moi.

— « *Ah ! je sais ! Vous voulez me parler de l'affaire de* » *la table.* »

— Comment, vous la savez déjà !

— « *Ne suis-je pas le commandant de la gendarmerie ?* »

— C'est juste ; je n'y pensais plus. Eh bien, commandant, l'assertion de vos soldats est-elle exacte ?

— « *Parfaitement.* »

— Ainsi c'est bien un officier qui leur avait donné l'ordre de *réquisitionner* cette table.

— « *Oui ; que voulez-vous ! Il faut bien s'installer pour* » *l'hiver.* »

— Mais, mon cher commandant, cette table n'est pas une couverture de lit ; elle n'est même pas, à proprement parler, une table ; c'est un petit meuble à l'usage exclusif d'une femme. Et vous connaissez le nom de cet officier ?

— « *Certainement.* »

— Commandant, je n'ai plus qu'un mot à vous dire : que cet officier me donne son nom, et la table que voici sera mise à sa disposition.

Aucun nom ne me fut donné, la table resta chez moi, et je serai heureux de la remettre aux mains de sa légitime propriétaire.

Le lendemain du jour de l'occupation de Plessis-Lalande, c'est-à-dire le 20 septembre 1870, M. le colonel von Loos et M. le comte Dona me demandèrent si j'avais des fusils de chasse.

— J'en ai deux.

— « *Voudriez-vous avoir la bonté de nous les prêter?* »

— Je ne demande pas mieux, messieurs, mais expliquons-nous. Vous voyez que j'en agis avec vous en toute franchise et en toute loyauté. Rien ne m'eût été plus facile que de cacher mes fusils et de vous dire : *Je n'en ai pas*. Je ne l'ai pas fait. Vous me demandez maintenant de vous *prêter* mes fusils, soit; mais dès lors il demeure bien entendu que vous me les rendrez.

Sans hésiter, ces messieurs *s'engagèrent tous deux sur leur honneur à me rendre mes fusils* au moment de leur départ.

Comme je l'ai dit, M. le comte Dona fut bientôt rappelé à Berlin. En me faisant ses adieux il me dit :

— « *Mon cher docteur, je ne vous rends pas votre fusil* » *parce qu'il m'a été demandé par l'un de mes camarades;* » *je le lui ai donné en lui faisant connaître l'engagement* » *d'honneur que j'ai contracté envers vous ; il l'a accepté* » *pour son propre compte, et il vous rendra votre arme,* » *non moins scrupuleusement que je l'aurais fait moi-* » *même.* »

Le 18 novembre, à huit heures du matin, l'ordonnance du colonel von Loos me rapporta dans un parfait état de conservation et d'entretien le fusil que j'avais prêté à son maître, dont il me transmit les remerciements. Une demi-heure après le colonel vint lui-même chez moi me demander si le fusil avait été rapporté, et me renouvela l'expression de sa gratitude.

—Colonel, lui dis-je, vous agissez en gentilhomme et cela ne m'étonne pas ; mais pourriez-vous me donner des nouvelles du fusil prêté au comte Dona ?

— « *Il ne vous a pas encore été rendu ! Je vais m'en* » *occuper immédiatement.* »

Un quart d'heure après je vis apparaître une nouvelle ordonnance, mais celle-ci avait les mains vides.

— « *Monsieur le docteur*, me dit cet homme, *je suis* » *chargé de vous dire que mon maître désire garder votre* » *fusil et qu'il vous en offre cent francs ; mais j'ai l'ordre* » *d'ajouter que si vous refusez de le lui vendre,* IL LE » PRENDRA. »

— Quel est le nom de votre maître ?

— « *M. le capitaine comte Dillen.* »

— Dites à votre maître que je vais aller lui parler ; — et bientôt la conservation suivante s'engagea entre moi et le détenteur de mon arme.

— Monsieur le comte, ce n'est point parce que mon fusil vaut 600 fr., que je refuse les 100 fr. que vous m'en offrez, mais pour des raisons particulières je tiens beaucoup à cette arme et je désire la conserver.

— « *Mais, monsieur le docteur, moi je désire en faire* » *cadeau à mon fils.* »

Il s'agissait d'un fusil court et de calibre 28, système Lefaucheux, pour la chasse au bois.

— Je comprends parfaitement ce désir tout paternel ; mais il vous sera facile de le réaliser en vous adressant au premier armurier venu ; quant à moi je n'en persiste pas moins dans le désir, plus naturel encore, de rester possesseur d'une arme qui m'appartient.

— « *Monsieur, le droit de la guerre m'autorise à garder ce fusil.* »

— Vous faites erreur, monsieur. Ce fusil n'a pas été *saisi, confisqué*; il a été — et vous le savez bien, — volontairement *prêté* par moi à M. le comte Dona, qui vous l'a transmis en vous faisant connaître *l'engagement d'honneur* qu'il avait contracté envers moi. Cet engagement, vous l'avez accepté pour votre propre compte et par conséquent *l'honneur vous oblige à me rendre mon arme.*

— « *Mais si je n'ai pas le droit de garder votre fusil, j'ai tout au moins le droit de le briser.* »

— Pas davantage, monsieur; le colonel von Loos auquel j'ai prêté un fusil sous les mêmes conditions vient de me le rendre avec toute la délicatesse d'un homme d'honneur.

— « *Le colonel est bien bon !* »

— Vous vous trompez encore, monsieur. En cette circonstance le colonel n'est qu'*honnête.*

— « *Enfin, monsieur, voulez-vous, oui ou non, accepter les cent francs que je vous offre ?* »

— Enfin, monsieur, voulez-vous, oui ou non, tenir l'engagement d'honneur souscrit par le comte Dona et endossé par vous ?

M. le capitaine comte Dillen ne me rendit pas mon fusil, il ne le brisa pas, et il est probable qu'il en a fait cadeau à monsieur son fils, en souvenir de la guerre qui honore son père. Quant à monsieur le comte Dona, je doute qu'il se montre très-satisfait de la manière dont son engagement d'honneur a été respecté et tenu par son camarade.

Le 21 novembre, je reçus du sieur Dillen la lettre suivante :

« *Monsieur le docteur*

» *Mon domestique a emporté par mégarde une couver-*
» *ture en laine. Je la garde parce qu'il fait bien froid,*
» *mais je vous adresse ci-joint un* BON *avec lequel vous*
» *pourrez la faire réclamer en temps et lieu.* »

Monsieur le comte suit, comme on le voit, les tradi-
tions du grand Frédéric.

Il respecte un moulin, il vole une province. A la vérité le moulin, dans cette circonstance, a subi le même
sort que la province, car si la couverture a été réclamée,
pas n'est besoin de dire qu'elle n'a pas été rendue.

Le 18 novembre, en emportant le vin et les provisions qu'il avait déposés dans le bureau de la directrice de Plessis-Lalande, M. le comte Polliet jugea que
*le droit de la guerre* l'autorisait à emporter également
deux belles photographies et un portrait de jeune fille,
peint par Court.

Le 15 novembre, M. le commandant de gendarmerie
d'Ellrichshausen m'aborda gravement et officiellement.

— « *Mon cher docteur*, me dit-il, *je viens au nom du*
» *général d'Obernitz vous adresser une prière : celle de*
» *vouloir bien, après notre départ, vous charger de faire*
» *restituer à leurs légitimes propriétaires certains objets*
» *qui ont été réquisitionnés et que nous laisserons ici.* »

— Mon cher commandant, j'accepte avec plaisir la
mission que vous m'offrez, mais à une condition :
c'est que nous allons dresser, contradictoirement et en
double, un inventaire détaillé des objets en question.

— « *Je vais transmettre votre réponse au général.* »

Le lendemain le commandant me parut être moins ardent à la restitution.

— « *Mon cher docteur*, me dit-il, *nous nous occupe-*
» *rons de la question dont je vous ai entretenu hier, mais*
» *en attendant je vous signale cette voiture-panier qui*
» *appartient à l'un de vos voisins auquel le général tient*
» *à ce qu'elle soit restituée.* »

Il ne fut plus question ni d'inventaire ni de restitution, mais le 20 novembre M. le comte Polliet vint à Plessis-Lalande chercher quelques bouteilles de vin oubliées, et il les emporta dans la voiture-panier de mon voisin, dont le nom ne m'a pas été révélé.

M. le comte Polliet a peut-être voulu s'accorder à soi-même le plaisir de la restitution. Qui sait? L'on a bien vu des rois épouser des bergères.... et un beau lieutenant recevoir des bouquets d'une sale laveuse de vaisselle !

Après mon départ, des officiers enjoignirent à M. Bolliet de leur livrer les clefs de ma bibliothèque, et, sans se soucier des ouvrages de science, ils y *volè-rent* les œuvres de Balzac, les œuvres de Walter Scott, l'*Histoire de France* de Henri Martin, l'*Histoire de la révolution* et l'*Histoire du consulat et de l'empire* de Thiers, l'*Histoire de la restauration* de Vaulabelle, l'*Histoire des Girondins* de Lamartine, les *Scènes de la vie privée et publique des animaux*, les deux *Jérôme Paturot*, etc., etc., etc.

Ce n'est pas là l'une de ces dévastations pour ainsi dire inévitables en temps de guerre ; ce n'est point l'exercice du droit de la guerre, même au point de vue de M. de Bismarck. C'est un *vol* prémédité, commis à froid, dans des circonstances qui en décuplent l'infamie (1) !

Et qu'on ne dise pas qu'en commettant ces *réquisitions* messieurs les officiers allemands croyaient naïvement user *du droit légitime de la guerre*, et ne pensaient pas se rendre coupables d'une action honteuse, d'un véritable VOL !

La preuve qu'il n'en était pas ainsi, c'est que la plupart d'entre eux s'efforçaient, par de singuliers compromis de conscience, de donner à leurs *réquisitions* une apparence *d'achat*. C'est ainsi que les uns offraient 40 fr. pour un guéridon de 5,000 fr., les

---

(1) On lit dans une *Correspondance de Berlin* insérée dans le journal *Le Siècle* à la date du 24 juin 1871 : Si un Parisien était appelé par hasard à se trouver dans une villa où de hauts dignitaires de l'armée vont chercher le repos et la fraîcheur, il pourrait en maint endroit se croire à Saint-Cloud ou à Nogent-sur-Marne ; peut-être même reconnaîtrait-il le sofa sur lequel il est assis, et la glace de la cheminée ne lui paraîtrait pas étrangère. Les dépouilles opimes des maisons de campagne parisiennes ornent les habitations des généraux allemands.

Ne croyez pas qu'il s'agit là d'une calomnie à la légère ; je n'ai, pour mon compte, ajouté qu'une foi très-modérée à toutes les histoires de fourgons expédiés en Allemagne, aux déménagements de pendules et de fauteuils. Je mettais ces récits sur le compte d'imaginations trop ardentes, parce que je ne pouvais me décider à croire qu'une nation fît la guerre en marchand de bric-à-brac. Eh bien ! il a fallu venir à Berlin pour perdre mes dernières illusions ; on se raconte tout haut que tel ou tel général a amené cinq fourgons remplis de meubles et de rideaux, que tel autre a monté sa maison avec des objets « *sauvés* ». Le terme de « sauvés » est un euphémisme pour désigner ce genre de vol ; car le raison-

autres 20 fr., pour une pendule de 500 fr., les autres enfin 100 fr., pour un fusil de 600 francs.

Ceux dont le *prix d'achat* était accepté, de gré ou de force, avaient probablement la conscience parfaitement tranquille.

Que si ce prix était repoussé, les uns passaient outre résolûment, comme le sieur Dillen, et, probablement, trouvaient encore le moyen de rassurer leur conscience ; les autres, en très-petit nombre, reculaient, par un reste de délicatesse dont il faut leur savoir gré.

Quelque temps après mon départ, M. de Langenbeck se présente au château de Plessis-Lalande accompagné de plusieurs hommes et d'un chariot.

nement des « sauveteurs », pour excuser leur conduite, est à peu près celui-ci : « Ces meubles auraient pu être détruits, disent-ils, par les soldats ou totalement abîmés. En les mettant de côté, nous les avons *sauvés*, et puisque nous les avons *sauvés*, ils sont à nous. » Cette logique, vous le voyez, ressemble à celle de l'immortel Bilboquet.

Vous n'ignorez pas que, parmi les objets ainsi mis en sûreté, se trouve une des plus merveilleuses tapisseries du Petit-Trianon. J'ai eu la satisfaction d'apercevoir chez un tapissier d'ici une partie de cette précieuse œuvre d'art. Elle est devenue à présent la propriété d'un général de K..., qui en ornera sans doute les murs de son salon.

Maintenant il est juste d'ajouter que l'opinion publique blâme ici aussi énergiquement ces rapines qu'on a blâmé à Paris le pillage du palais d'Été au profit de M. de Palikao, et qu'on ne ménage pas les épithètes aux « sauveurs » d'un nouveau genre. Mais le fait n'en subsiste pas moins, et il est pour l'armée allemande une flétrissure que rien ne pourra effacer. Cependant la protestation générale que soulèvent ces actes est bonne à constater au nom de la moralité publique.

— « *Je viens*, dit-il, *enlever la grande glace de Venise,*
» *et les tapisseries des Gobelins qui garnissent le vesti-*
» *bule.* »

— Monsieur, la glace avait été déposée ici par M. X,
qui l'a reprise après le départ de M. Fleury,

— « M. X ? *qui demeure ici près ? C'est bien.* »

M. de Langenbeck va trouver M. X.

— « *Monsieur, est-il vrai que vous soyez le proprié-*
» *taire de la glace de Venise qui était au château, et que*
» *vous l'ayez reprise ?* »

— C'est parfaitement vrai, monsieur.

— « *Voulez-vous me la vendre ?* »

— Je n'ai jamais pensé à la vendre ; cependant les
temps sont durs, et si vous voulez m'en donner le prix
qu'elle m'a coûté, je vous la céderai.

— « *Le prix qu'elle vous a coûté ! Vous plaisantez !*
» *mais dans les circonstances actuelles elle n'a plus de*
» *valeur !* »

— Je connais beaucoup M. votre père, et il ne me
convient pas de marchander avec vous. Donnez-moi
300 fr. comptant, pareille somme à une époque que je
vous laisse maître de fixer, et prenez la glace.

Le marché est accepté, et il demeure convenu qu'on
viendra chercher la glace le lendemain.

M. de Langenbeck n'est pas revenu, et la glace est
encore chez son propriétaire.

Quant aux tapisseries des Gobelins, il n'était pas
facile de les déposer ; les *réquisitionneurs* de M. de Langenbeck renoncèrent à l'opération, et elles sont encore
à leur place.

Un officier se présente dans une maison du parc de

Plessis-Trévise, et déclare qu'il la veut visiter. Le jardinier lui en ouvre toutes les portes.

— « *Tiens, voici une jolie pendule ; elle me plaît ;* » *voulez vous me la vendre ?* »

— Mais, monsieur l'officier, je n'en ai pas le droit ; cette pendule appartient à mon maître et je ne puis en disposer.

— « *En temps ordinaire, mais en temps de guerre !* » *D'ailleurs j'ai le droit de la prendre.* »

— Prenez la si tel est votre bon plaisir, monsieur l'officier, je n'ai pas les moyens de m'y opposer, mais encore une fois je ne puis vous la vendre.

— « *Prenez-la ! Vous croyez donc que je suis un vo-* » *leur !* »

— Je ne le crois pas, monsieur l'officier, mais je serais un voleur, moi, si je vous la vendais.

— « *Allons, pas tant de paroles ; tenez, voici vingt* » *francs, et j'emporte la pendule.* »

— Je n'accepte pas votre argent, s'écria le brave homme en rejetant les mains derrière son dos.

— « *Vous voulez donc m'insulter (sic)*, s'écria l'officier en fureur. *Prenez garde, vous pourriez vous en repentir.* »

— Je suis en votre puissance, monsieur l'officier, faites de moi ce que vous voudrez, mais vous n'en ferez jamais un voleur.

— « *Eh bien, vous aurez de mes nouvelles.* »

Le lendemain, l'ordonnance de l'officier vint *réquisitionner* la pendule.

Le surlendemain, l'officier reparut.

— « *Eh bien, brave homme, vous voyez qu'avec nous* » *la résistance ne sert à rien ; la pendule est chez moi.* » *Voici néanmoins vos vingt francs.* »

— Monsieur l'officier, je vous l'ai déjà dit et je vous le répète encore : je ne puis les accepter.

Les insistances les plus vives, les menaces les plus *terribles* (*sic*) restèrent inefficaces, et l'officier en fut pour ses frais d'éloquence alternativement persuasive et comminatoire.

*Le lendemain la pendule fut restituée !*

Tels ont été les caractères moraux généraux de l'occupation wurtembergeoise que j'ai observée. Je les livre à l'appréciation des honnêtes gens de tous les pays, qu'ils soient civils ou militaires ; et si, comme je le crois, ces caractères sont ceux qui ont été constatés sur tous les points de la France occupés par nos ennemis, l'histoire jugera. Elle dira si l'invasion de la France en 1870-1871, a été seulement la conséquence militaire inévitable d'une guerre entre peuples civilisés, ou si elle a été l'irruption d'une horde de barbares avides de vol, de pillage et de sang.

Un dernier trait, qui marque d'une forte.... *odeur* la délicatesse, l'élégance et la suavité des mœurs allemandes.

Par compensation, sans doute, aux objets qu'ils emportaient, les soldats allemands ont rempli de leurs *produits* les maisons qu'ils dévalisaient, et c'est surtout dans le choix des places où ils les déposaient, qu'ils ont révélé la fertilité de leur brillante et gracieuse imagination.

Les chapeaux d'homme, et surtout ceux de femme, les cuvettes, les soupières, les plats ont tout d'abord obtenu leurs préférences ; puis est venu le tour des

tiroirs de commode, de toilette, de secrétaire, etc. A
Bellevue, ces braves guerriers ont fait preuve de goûts
véritablement artistiques ; ils ont couvert de fresques
les murs, les lambris, les portes et jusqu'aux plafonds.
Le *Gaulois* a rapporté que, décrochant les portraits, ils
ont pratiqué à la place occupée par la bouche des ouvertures suffisamment larges pour.... Je m'arrête,
vaincu par le dégoût. Non, les sauvages de l'Afrique
centrale n'auraient pas accompli de semblables turpitudes.

# LA BATAILLE DE VILLIERS.

Le 28 novembre 1870, voici quelle était la situation de Plessis-Lalande.

Le château n'était plus occupé que par le comte Norman, le major Rœler, le lieutenant Einziel, le médecin de régiment Eyppert, et un médecin vétérinaire. Trente cavaliers étaient établis dans les communs et dans les bâtiments hydrothérapiques.

L'immeuble n'avait éprouvé que d'insignifiants dommages. Les grilles du parc avaient été démontées, des arbres avaient été abattus çà et là, mais en définitive la propriété n'avait que peu souffert.

Les pertes de l'établissement hydrothérapique étaient beaucoup plus considérables : les allées étaient défoncées, les pelouses et les massifs de fleurs piétinés par les chevaux, le gymnase était une écurie, le promenoir couvert un abattoir et une boucherie ; le bûcher, la remise étaient alternativement des écuries, des étables, des bergeries suivant les besoins du service et le produit des *réquisitions* opérées dans les fermes du voisinage.

Le mobilier — meubles, tapis, rideaux, literie, etc., était frappé d'une énorme dépréciation en raison de la négligence, de la saleté et de la brutalité avec lesquelles ils avaient été traités par les brosseurs, domestiques et ordonnances de MM. les officiers. La plus grande partie du linge de table, de lit et de toilette, de la vaisselle, de la verrerie, des services de table, de la batterie de cuisine avait été déchirée ou cassée, perdue ou volée. Les caves et les garde-manger étaient vides ; les approvisionnements de bois et de charbon de terre avaient été consumés, la basse-cour était veuve de ses nombreux habitants.

Comme nous l'avons dit, M. Bolliet, dans sa requête d'indemnité, avait évalué le dommage à une somme de 16,000 francs, mais ce chiffre représentait à peine la moitié de la perte réelle et totale subie par Plessis-Lalande. Quoi qu'il en fût, nous nous estimions encore relativement fort heureux ; sans la présence du général d'Obernitz, la dévastation eût été complète.

Ainsi que je l'ai dit également, depuis l'arrivée du comte Norman, c'est-à-dire depuis le 20 novembre, nous avions joui comparativement, à Plessis-Lalande, d'un grand calme et d'un grand bien-être. Le siége suivait son cours, et rien n'autorisait à penser que des incidents nouveaux et imprévus dussent, d'ici à quelque temps encore, modifier cette situation.

Pendant les premières semaines de l'occupation, l'état-major s'était beaucoup occupé de la question de savoir si les forts de Rosny, de Nogent et de la Faisanderie pourraient envoyer des obus jusqu'au château de Plessis-Lalande. Les avis furent d'abord partagés, et des paris furent même ouverts ; mais l'on finit par admettre généralement que Plessis-Lalande était hors de la portée des pièces du plus fort calibre, et l'on n'y pensa plus.

Le 29 novembre, à sept heures du matin, une explosion formidable ébranla le château et en fit tressaillir les habitants. Tout le monde se précipita sur la terrasse, s'interrogeant les uns les autres, et cherchant à déterminer la nature et la cause de cet événement inattendu. L'incertitude ne fut pas de longue durée ; nos regards furent immédiatement attirés par un vaste gouffre béant, creusé dans le sol à cinquante mètres de notre chalet, du côté de Villiers. Un obus venait de tomber en ce point et d'y éclater. Je franchis la grille d'entrée et je me dirige vers le lieu de l'explosion ; à peine suis-je arrivé au bord de l'énorme excavation, qu'un nouvel obus, passant au-dessus de ma tête, va tomber à gauche du château, entre l'aile droite du bâtiment hydrothérapique et le promenoir couvert, dans lequel se trouvaient une vingtaine d'hommes, dont aucun ne fut atteint par les éclats du projectile. Les vitres volent en morceaux, des soldats s'élancent effarés hors du promenoir, des chevaux attelés à des chariots vides prennent le mors aux dents et s'enfuient au galop. Il y eut un moment de désordre et de confusion.

Je me dirigeai vers notre chalet, pour aviser aux mesures que pourraient ultérieurement exiger les circonstances. Je franchissais le seuil de la porte d'entrée lorsqu'une explosion terrible me fit me retourner brusquement ; un troisième obus venait d'éclater à quatre mètres en arrière de moi. Le fracas et la commotion furent tels, que la domestique qui, dans la cuisine, tenait une casserole à la main, la jeta en l'air, et se précipita tête baissée dans le jardin, sans savoir ni ce qu'elle faisait ni ce qu'elle disait.

Entrant chez moi, je trouvai madame Fleury calme et résolue, mais préoccupée des dangers qui menaçaient

nos employés, et surtout madame Vinant et ses enfants.
Nous discutions les mesures qui pourraient être prises,
lorsqu'une explosion, plus formidable encore que les
précédentes, me coupa brusquement la parole. Un quatrième obus venait de tomber dans la douve qui, à 3 ou
4 mètres de distance, contourne l'angle gauche du
château.

Je redescendis sur la terrasse, où je fus abordé par le
comte Norman :

— « *Mon cher docteur*, me dit-il avec une certaine
« émotion, *il faut vous en aller*. »

— M'en aller, colonel ; et où voulez-vous que
j'aille ?

— « *Dans l'une des maisons les plus reculées du parc
de Trévise.* »

— Mais, colonel, toutes les maisons du parc sont dé-
vastées, inhabitables. D'ailleurs vous restez bien ici,
vous.

— « *Je suis soldat et j'obéis à mon devoir, mais je*
» *vous donne ma parole d'honneur que si j'étais à votre*
» *place je ne resterais pas ici dix minutes de plus. Je ne*
» *comprends pas encore le but de ce bombardement im-*
» *prévu, mais par la manière dont il commence l'on peut*
» *prévoir qu'il va devenir très-sérieux, et la direction*
» *des obus qui viennent de nous assaillir démontre que*
» *votre maison occupe le point le plus exposé de Plessis-*
» *Lalande.* »

— Je crois, colonel, que vous avez raison, mais un
déplacement serait pour moi environné de tant d'embarras, de tant de difficultés, de tant de désagréments
que je préfère courir la chance des obus.

— « *Mais, en admettant que vous puissiez disposer de*
» *votre vie à votre gré, vous n'avez pas le droit d'exposer*

« *celle de madame Fleury à un danger certain et inutile.*

— Madame Fleury partage ma résolution.

— « *Mon cher docteur, c'est sur moi que pèsera la res-*
» *ponsabilité des événements qui vont se passer ici. Je ne*
» *puis permettre que vous restiez exposés à des dangers*
» *que rien ne vous oblige à braver : ni votre devoir, ni vos*
» *intérêts, ni aucun autre motif raisonnable.* »

Le major Rœder survint ; il joignit ses instances à celles du colonel, et celui-ci finit par me faire comprendre que si je persistais dans ma résistance, ses *conseils* pourraient bien se transformer en *ordres.* — Il fallut aviser.

Je choisis pour asile l'habitation de notre ami M. Boffinet, située à 3 ou 400 mètres en arrière de notre chalet, et abritée de tous côtés par des bois ; comme toutes les maisons du parc de Trévise, elle avait subi une dévastation complète. Les vitres avaient été brisées, les portes et les fenêtres restées ouvertes avaient permis à la pluie de pénétrer de toutes parts ; des monceaux d'ordures couvraient les planchers. Le froid était très-vif ; je fis remplacer les vitres cassées par des morceaux de papier, enlever les ordures et balayer ; je fis apporter du chalet quelques matelas, des couvertures, une table, quelques chaises ; j'installai tout mon monde provisoirement dans une des pièces du rez-de-chaussée, et je retournai au château.

Le bombardement continuait avec fureur ; deux nouveaux obus étaient tombés en avant du chalet, à quelques mètres du premier ; d'autres, passant par-dessus le belvédère, avaient labouré la grande pelouse située devant la façade prenant vue sur le parc de Trévise ; les projectiles pleuvaient sur le parc de Cœuilly et quelques-uns s'égaraient jusque dans les bois Saint-Martin.

Le colonel et ses officiers, qui occupaient des chambres du premier et du second étages, avaient fait descendre leurs matelas au rez-de-chaussée, dans la salle à manger et dans le billard. Ils redoutaient un effondrement ou un incendie, et se tenaient prêts à tout événement.

Aucun feu ne répondait à celui des forts qui nous bombardaient ainsi ; pas un seul coup de fusil ne se faisait entendre. « Quelle est la signification de ce tir » acharné, se demandait-on avec étonnement ; quel » en est le but ? Plessis-Lalande et Cœuilly ne renfer-» ment qu'un nombre insignifiant de soldats. Ne sait-» on pas à Paris que déjà depuis onze jours le général » d'Obernitz et son état-major ont quitté Plessis-Lalande? » Est-ce à eux que l'on en a ? A-t-on un intérêt quel-» conque à déloger le quartier-général wurtembergeois ? » Est-ce un feu de diversion, destiné à détourner l'atten-» tion d'un grand mouvement opéré par un point quel-» conque de l'enceinte ? Mais ce mouvement se trahi-» rait par une canonnade plus ou moins éloignée, et, » d'ailleurs nous en serions déjà officiellement instruits » par des estafettes et par notre télégraphe. »

Le comte Norman attendait avec impatience un avis, un ordre, une indication militaire précise, mais rien ne venait, rien ne se décidait, et il en était réduit à se promener avec moi sur la terrasse, courbant la tête sous le sifflement incessant des obus.

Le feu cessa vers sept heures du soir. A dix heures, après une attente aussi vaine que fiévreuse, chacun se décida à manger un morceau sur le pouce et à se coucher. Nous nous jetâmes sur les matelas étendus dans les cinq chambres formant le premier étage de la maison Boffinet, et je fis coucher au rez-de-chaussée un ouvrier du parc, du nom de Firmin Dubut.

Après quelques heures d'un sommeil agité et cent fois interrompu, le tonnerre subit d'une violente cannonnade nous fit lever vers cinq heures du matin et nous précipiter aux fenêtres ; bientôt éclata le crépitement de la fusillade ; les feux se faisaient entendre dans la direction de Champigny.

Il était évident qu'une grande bataille allait s'engager sous nos yeux. Au jour, nous courûmes au château, Mme Fleury et moi. Le colonel et ses officiers n'y étaient déjà plus.

De nouveaux feux de canon et de mousqueterie se firent bientôt entendre sur la droite, et l'on vint nous dire que trois colonnes d'attaque étaient sorties de l'enceinte des forts. La première devait se diriger, par Petit-Bry et le haut Villiers, vers les bois Saint-Martin ; la deuxième, par Champigny et le bas Villiers, vers le parc de Cœuilly ; la troisième devait opérer un mouvement tournant par le plateau de la ferme des Bordes, et se réunir aux deux autres sur le plateau même de Plessis-Lalande. La bataille était donc engagée sur tout l'espace compris entre Petit-Bry, Champigny et Chennevières.

Le crépitement de la fusillade était continu et analogue au bruit que fait la grosse grêle en tombant sur un toit de zinc ; à intervalles de plus en plus rapprochés, il était interrompu par les détonations de batteries volantes de canons de campagne, et par l'affreux bruit des mitrailleuses. L'on entendait, en même temps, les tonnerres lointains des canons de Montrouge, de Bicêtre, des Hautes-Bruyères, de Villejuif, auxquels les Allemands semblaient ne pas répondre.

Un chapitre spécial devant être consacré au service sanitaire, je me contenterai de dire que depuis **dix**

7

heures et pendant toute la journée, des centaines de
blessés se traînèrent ou furent apportés dans notre direction. Les soldats étaient conduits à la ferme Saint-
Martin et au château de Cœuilly ; Plessis-Lalande
recevait de préférence les officiers ; mais le chiffre
des hommes atteints allant croissant dans une effrayante
proportion, un nombre considérable de ces malheureux
fut dirigé directement et immédiatement sur Combault,
sur Pontault et même sur Lagny. Dès ce moment je
me consacrai tout entier au service de l'ambulance établie enfin à Plessis-Lalande par la force des choses,
ambulance qui toutefois reçut un caractère exclusivement allemand, *car l'ordre fut donné de n'y introduire
aucun blessé français.*

Sous une pluie d'obus qui sillonnaient notre ciel dans
toutes les directions, j'allais chercher ou recevoir les
blessés, mais dès qu'apparaissait un pantalon garance
des soldats se précipitaient à la rencontre des *Français*
et les dirigeaient soit vers Cœuilly, soit vers la ferme
Saint-Martin. Dans ce dernier cas, il fallait passer devant la grille des communs de Plessis-Lalande, et là, si
quelqu'un s'efforçait d'apercevoir nos malheureux compatriotes et de leur tendre un verre de vin ou un verre
d'eau, les Allemands l'empêchaient d'approcher en le
repoussant brutalement. Et tandis que ces misérables
en agissaient avec cette barbarie, Mme Fleury, toujours humaine et charitable, toujours attendrie à la vue
d'un jeune soldat lui rappelant son fils, dont nous étions
séparés et sans nouvelles depuis le 16 septembre, enrôlé
qu'il était, à Paris, dans un bataillon de marche,
Mme Fleury recueillait, réconfortait et pansait des
enfants de 19 à 20 ans qui, épuisés par la fatigue,
par l'inanition et par la perte de sang, tombaient

sur les routes en pleurant et en invoquant leur mère !

Cependant les détonations de la fusillade, des canons
et des mitrailleuses se rapprochaient de plus en plus,
et déjà nous distinguions parfaitement le feu et la fumée
des batteries placées en avant du chemin de fer et du
parc de Cœuilly. Des officiers ayant fait la guerre de 1866
me dirent, le lendemain, n'avoir jamais entendu un feu
plus nourri et plus terrible !

A partir de deux heures, et pendant tout le reste de
la journée, un spectacle étrange, dont nous ne com-
prîmes pas tout d'abord le caractère et la signification,
s'offrit à nos regards.

A travers champs, et par les trois grandes avenues
qui du pont du chemin de fer se dirigent vers Plessis-
Lalande au centre, vers Saint-Martin à gauche, et vers
Plessis-Trévise à droite, des hommes en nombre de
plus en plus considérable, s'avançaient en titubant.
Nous les prîmes même pour des blessés, mais la plupart d'entre eux étaient encore armés de leurs fusils
qu'ils portaient ceux-ci sur l'épaule, ceux-là sous le
le bras, d'autres en bandoulière.

Ces hommes étaient des FUYARDS qui, pâles, exténués,
couverts d'une sueur froide, effarés, désespérés, affolés
de terreur, désertaient le champ de bataille. Cette
foule compacte, formée surtout par des Wurtembergeois, contenait aussi des Saxons et des Prussiens. L'on
y voyait des soldats de toutes armes: fantassins, cavaliers démontés, artilleurs. Les uns couraient droit
devant eux, jetant leurs fusils, leurs sabres, leurs casques dans les fossés des routes, dans les bois, par-
dessus les murs dans les jardins ; jonchant le sol de

leurs cartouches. Des armes et des casques furent
trouvés le lendemain dans le parc de Plessis-Lalande,
et la terrasse du château fut littéralement couverte de
cartouches. Les autres pénétraient dans les cabarets et
dans les maisons abandonnées, y déposaient leurs
armes et se cachaient dans les caves, dans les greniers ;
on en voyait offrir de l'or pour obtenir un mauvais
pantalon de toile, une blouse et une casquette.

Une vingtaine d'hommes se précipitèrent ensemble
dans nos communs, et supplièrent à genoux le jardinier
de les cacher. Ces malheureux furent découverts le lendemain par des gendarmes wurtembergeois, qui les em-
menèrent après leur avoir lié les mains derrière le dos.

C'était donc une fuite, une déroute, une débandade,
un affreux sauve-qui-peut, et ce mouvement désor-
donné se prolongea pendant toute la nuit.

Les Allemands étaient donc battus, complétement
battus ! et l'on comprend les espérances qui nous vinrent au cœur. Les espérances devinrent pour ainsi dire
une certitude lorsque, vers trois heures, Mme Fleury
qui, les yeux fixés sur le champ de bataille, était restée
toute la journée accrochée à la haie la plus extérieure de la terrasse du château et que l'on avait en
vain tenté d'arracher à cette dangereuse position, vint
me dire que l'on se battait dans le bas Villiers et qu'au
milieu de la mêlée elle distinguait parfaitement des
uniformes français ! L'on se battait avec une égale
fureur dans le haut Villiers, dans le parc de Cœuilly,
sur le plateau de Chennevières et dans la plaine des
Bordes. Nous étions au centre de la bataille ; les feux
éclataient sous nos yeux et pour ainsi dire dans nos
oreilles. Une ligne de tirailleurs allemands se déploya
à 200 mètres du château ; le nombre des blessés et des

fuyards allait croissant, la victoire ne pouvait plus
nous échapper !

Hélas ! qui saura jamais avec quel étonnement, quelle
stupéfaction, quelle douleur, quel désespoir nous con-
statâmes, à partir de cinq heures, que les feux se ralen-
tissaient et s'éloignaient de plus en plus! Bientôt l'on
n'entendit plus que quelques rares coups de canon, et
enfin l'ombre et le silence de la nuit régnèrent sur la
vaste étendue si retentissante et si enflammée quelques
heures auparavant.

Que s'était-il donc passé, et la fortune des armes
nous trahissait-elle encore une fois?

Le comte Norman et ses officiers rentrèrent au château vers dix heures ; j'appris alors que la lutte avait
été acharnée, principalement à Champigny, dans le
haut et dans le bas Villiers ; que ce village avait été
pris et repris trois fois ; que des renforts saxons et
prussiens étaient arrivés fort à propos pour sauver les
Wurtembergeois d'une destruction complète, mais
qu'enfin les Français avaient été délogés de leurs position en avant de la Marne, ce qui était faux.

« LE COMBAT, disaient les Allemands, RECOMMENCERA
» CERTAINEMENT DEMAIN AVANT L'AUBE. »

Tristes et découragés, brisés par la fatigue et par les
émotions, nous regagnâmes la maison Boffinet, pour
y prendre quelques instants de repos.

Vers onze heures, de furieux coups de sonnette, accompagnés de coups de crosse, de cris, de vociférations, de
hurlements sauvages, retentirent tout à coup à la porte
d'entrée du jardin. J'entends Dubut se lever, ouvrir, la
porte de la maison et se diriger vers celle du jardin. A
peine a-t-il fait quelques pas, que la détonation d'un

fusil se fait entendre. Je crus le malheureux tué. Je
sors de ma chambre et je me heurte à Mme Fleury,
également accourue au bruit. Elle se suspend à mes
vêtements, se traîne à mes pieds, et veut m'empêcher
de descendre et de courir à une mort qu'elle considérait comme certaine... Il est plus facile à l'esprit de se
retracer qu'à la plume de décrire une semblable
scène !

Cependant j'entends les soldats envahir le péristyle ; je me dégage violemment, et je me précipite sur
les escaliers. Je trouve Dubut vivant, mais maltraité
et repoussé par les hommes auxquels il refuse l'entrée
de la maison. Quarante soldats armés et furieux sont
en face de moi. Je leur adresse la parole en allemand,
et je leur demande si parmi eux se trouve un sous-
officier. Un jeune homme s'avance ; je me nomme à
lui, je lui montre mon brassard et mes saufs-conduits ;
je lui déclare que je suis le propriétaire de Plessis-
Lalande, et que c'est par ordre du colonel Norman que
je me suis réfugié dans cette habitation abandonnée,
pour me soustraire aux obus ; j'ajoute que la maison
est déjà occupée par huit personnes, parmi lesquelles
trois femmes et deux enfants qu'il ne pourrait expulser sans assumer une grave responsabilité ; enfin je
lui offre de le faire conduire, lui et son escouade, dans
une maison voisine, vide et beaucoup plus vaste ; je parvins à le convaincre, et tous sortent sous la direction
de Dubut, chargé de leur désigner un autre gîte.

Mme Fleury ignorait ce qui se passait en bas ; je
la retrouve en proie à toutes les angoisses de la terreur et de l'incertitude ; je la calme, je l'engage à se
recoucher, et lui donne l'espérance que son repos ne
sera plus troublé.

Une demi-heure après, la même scène se reproduit,
moins le coup de fusil. Cette fois tous les efforts de mon
éloquence échouent ; je rencontre une résistance invincible, mais cette résistance est calme, polie et plutôt
suppliante qu'impérieuse. La neige commençait à
tomber, le froid était vif... Je me laissai attendrir par
le récit des fatigues, des privations, des souffrances
que ces malheureux enduraient depuis quarante-huit
heures, et je leur abandonnai le rez-de-chaussée de la
maison ; ils me remercièrent avec effusion, et se couchèrent sur les planchers !

La maison était pleine ; elle était occupée en partie
par des soldats allemands, — donc nous n'avions plus
rien à craindre. Mais, qui comptait sans les Allemands,
comptait trois fois !

A peine le calme s'était-il fait, que nous fûmes envahis de nouveau.

— « *Monsieur*, me dit un colonel, que suivaient les
» débris de son régiment, *j'ai besoin de cette maison*
» *pour faire coucher un certain nombre de mes hommes.* »

Je fis valoir les arguments que déjà j'avais produits
à deux reprises, et d'ailleurs, ajoutai-je, le rez-de-chaussée est déjà occupé par des soldats.

— « *Quels soldats ?* »

— Des Wurtembergeois.

— « *A quel régiment appartiennent-ils ?* »

— Colonel, vous m'en demandez trop ; je l'ignore
absolument.

Un lieutenant fut appelé et chargé de vérifier le fait.
Il pénétra dans la maison et en ressortit bientôt, donnant au colonel l'indication demandée.

— « *Lieutenant, ces hommes n'ont pas le droit de rester*
» *ici, puisque ce côté du parc de Trévise m'a été assigné ;*

» *faites en sorte qu'ils nous cèdent immédiatement la place.* »

Le lieutenant rentra dans la maison et la fit évacuer, mais pendant que les uns en sortaient, d'autres s'y précipitaient en désordre, et, armés de leurs fusils, pénétraient de vive force jusque dans la chambre où madame Fleury se retirait à la hâte. La confusion était extrême; le colonel m'interpellait, je voyais par la fenêtre l'envahissement de la chambre de madame Fleury; je courus au plus pressé, et ce ne fut qu'en usant d'une sorte de violence que je parvins à en expulser les hôtes peu rassurants.

Je redescendis au jardin, et m'adressant au chef :

— Colonel, dis-je, j'ai ici trois femmes et deux enfants; vos soldats sont très-excités; veuillez, je vous prie, pour éviter des malheurs probables, donner l'ordre à votre lieutenant de passer la nuit ici, et de nous protéger par sa présence et par son autorité.

Le colonel fit immédiatement droit à ma demande.


L'on avait constaté que la maison ne pouvait contenir que quarante hommes; le lieutenant fit un appel, le peloton désigné pénétra dans la maison, et le colonel s'éloigna suivi de ses hommes.

Le premier soin des soldats fut d'allumer dans les cheminées et dans la cuisine des *feux allemands*, qui remplirent la maison d'une épaisse fumée; les uns se mirent en devoir de faire le café; d'autres étendaient sur les planchers des bottes de paille, qu'ils avaient fini par découvrir je ne sais où; ils se couchèrent enfin, et ne tardèrent pas à ronfler en hommes qui ont un pressant besoin de repos et de sommeil.

Le lieutenant Kayser, grand jeune homme blond,

fluet, âgé de 25 à 26 ans, se montra homme du
monde bien élevé et discret. Un lit de sangle, couvert
d'un mince matelas, avait été disposé pour lui ; il
demanda un second matelas. Je vais, lui dis-je, vous
faire donner celui de la femme de chambre. — « Mais,
» si elle n'en a qu'un, elle ne peut s'en passer. — Il le
» faudra bien cependant. — Non ; je m'y oppose ab-
» solument ; je me contenterai de celui-ci. »

Ce jeune homme me parut être tellement fatigué,
tellement épuisé, que je priai madame Fleury de lui
préparer une tasse de thé et une tranche de jambon.
Il accepta avec reconnaissance cette modeste réfection,
nous disant qu'il n'avait rien pris depuis trente-six
heures. Il but et mangea en silence, puis se redressant,
brusquement :

— « Madame, dit-il, en s'adressant à madame Fleury,
» je vous demande pardon de me montrer si peu ai-
» mable, mais je suis encore sous le coup d'une grande
» émotion. Mon frère a été tué à côté de moi et j'ai
» perdu tous mes amis, tous mes camarades. » — Et il
nous raconta qu'il s'était battu pendant toute la journée
vers le haut Villiers, sur les crêtes qui dominent,
d'une part Petit-Bry, et, d'autre part, la vallée de la
Marne et le plateau du Tremblay.

« La lutte a été terrible sous le parc de Villiers (1),
» nous dit-il ; le général Reitzenstein a eu deux che-
» vaux tués sous lui. *Je commandais deux cents hommes ;*

---

(1) On lit dans *Paris assiégé* (Paris, 1871), à la page 168 :

« .... Quand, vers quatre heures et demie, nos bataillons
» arrivèrent sous les murs du parc de Villiers (parc qui ap-
» partient, je crois, au chanteur Roger et dont les Prussiens

» *il m'en reste trente. Sur vingt et un officiers de mon*
» *régiment, il en reste six! Nos troupes (wurtember-*
» *geoises) ont perdu près de la moitié de leur effectif.* »

Vers une heure du matin, le lieutenant prit congé
de nous, et alla s'étendre sur son grabat.

Pendant que ces événements se passaient autour de
nous, douze cents hommes faisaient irruption dans
Plessis-Lalande. Respectant le château, occupé par
des officiers et des blessés, et notre chalet, que proté-
geait encore une affiche signée du comte d'Obernitz,
ils envahirent de vive force les communs, les corridors
vestimentaires, les salles hydrothérapiques jusqu'alors
préservées, et trente chambres de malades situées dans
le même corps de logis, et alors fut accompli, en
quelques heures, la plus complète et la plus horrible
des dévastations.

Les chaises, les tables, les commodes, les portes
furent brisées et brûlées ; les gros meubles jetés par
les fenêtres ; les rideaux, les tapis arrachés et déchirés.

A trois heures du matin, tous ces hommes quittèrent

» avaient fait une redoute), lorsque les mobiles et la troupe
» attaquèrent la première maison blanche de Cœuilly.... »

Il y a ici une erreur évidente. C'est le parc de Plessis-
Lalande qui appartient à M. Roger. Le parc de Villiers, formant l'extrémité haute du village de ce nom, et dans lequel
l'ennemi avait, en effet, élevé une redoute, appartient à
M<sup>me</sup> Gérard. Est-ce de lui que veut parler M. Claretie, ou bien
est-ce du parc de Cœuilly, qui touche au village de ce nom,
qui appartient à M<sup>me</sup> de Bully, et dans lequel l'ennemi s'était
également fortifié ? Cette dernière hypothèse nous paraît être
la plus probable.

notre refuge et Plessis-Lalande, pour aller occuper les positions qui leur avaient été désignées.

Je dois dire, à cette occasion, que l'immeuble et le mobilier appartenant à M. Roger, ont toujours été jusqu'à la fin, relativement très-respectés ; d'abord parce que le château a constamment été occupé par des officiers, ensuite parce que MM. nos ennemis ont une très-vive sympathie pour l'artiste éminent qui leur a chanté, *en allemand*, leurs opéras et les nôtres, et qui a été reçu avec une si grande faveur par la Cour de Berlin. Ils ont toujours protégé la propriété de M. Roger au détriment de celle du « *français* », du « *Rédacteur du Siècle* », noms par lesquels ils me faisaient l'honneur de me désigner (1).

(1) Les lignes suivantes, insérées dans le *Siècle* du 15 août 1870, m'ont été reprochées bien des fois par le général d'Obernitz, et m'avaient valu, de la part de son état-major, une véritable haine !

»..... Sommes-nous donc fatalement condamnés à subir
» la loi du vainqueur, et une nouvelle épée de Brennus va-t-
» elle peser de tout son poids dans la balance des destinées de
» la France ?

» Non ; car il est un moyen de nous sauver, *mais un seul !*

» A défaut d'une armée suffisante, il faut que nous oppo-
» sions aux Prussiens un peuple ; un peuple tout entier, le
» *peuple français !*

» Debout donc, citoyens de France, debout tous, que les
» enfants et les vieillards deviennent des soldats ; que les ser-
» ruriers se transforment en armuriers, qu'à défaut de fusils
» l'on s'arme d'une faux, d'une hache, de la première barre
» de fer venue !

» Décrétons la guerre populaire, la guerre de partisans, la

Pendant toute la nuit, nous entendîmes des fantassins marcher au pas accéléré, de la cavalerie au grand trot, des canons, des caissons et des fourgons remplis de munitions, rouler avec fracas sur les routes.

A huit heures, je fis réintégrer tout mon bagage dans notre chalet, et nous nous y réinstallâmes, déclarant au colonel Norman que nous aimions mieux périr par les éclats d'un obus que de subir encore une nuit semblable à celle qui venait de s'écouler.

Pendant toute la journée du 1er décembre, de grands mouvements furent effectués par les troupes allemandes, mais aucune détonation ne se fit entendre. L'on ne se battit sur aucun point rapproché de Villiers.

De nombreux blessés furent encore apportés à Plessis-Lalande ; les moins gravement atteints furent immédiatement dirigés sur Lagny. Les *fuyards* continuèrent d'affluer dans le parc de Plessis-Trévise, mais la gendarmerie veillait, et beaucoup de ces malheureux furent saisis et emmenés.

» guerre de guérillas, et nous décréterons la victoire, car
» nous ne resterons pas au-dessous des Espagnols et des Mexi-
» cains.

» Debout ! et jurons sur les mânes de nos pères de 92 de
» verser jusqu'à la dernière goutte de notre sang pour la dé-
» fense de la France. »

Ce cri patriotique tendait, en effet, à *prolonger la guerre !* et s'il avait été entendu, si les héroïques efforts de Gambetta étaient parvenus à galvaniser le pays, énervé par vingt années de corruption, l'issue de la guerre aurait-elle été la même ?

Les Allemands savaient bien que non !

Le lendemain, 2 décembre, lugubre et néfaste anniversaire, le combat recommença vers cinq heures du matin, dans la direction de Champigny. Vers dix heures, les feux devinrent très-vifs et se firent également entendre dans la direction de Petit-Bry ; la bataille du 30 novembre se reproduisait sur le même terrain, et dans les mêmes conditions ; mais elle se restreignit dans un espace beaucoup moins étendu ; l'on ne se battit ni à Villiers, ni à Cœuilly, ni dans les plaines des Bordes ; vers deux heures, les feux, au lieu de se rapprocher, s'éloignèrent et s'affaiblirent sensiblement ; vers trois heures, ils s'éteignirent définitivement, et les troupes allemandes regagnèrent leurs cantonnements.

Le nombre des blessés fut encore très-considérable. Beaucoup d'entre eux nous furent apportés d'un four à chaux, placé entre Champigny, Villiers et Cœuilly, dans lequel avaient été entassés des morts et des blessés allemands et français.

Le second acte du drame de Villiers était terminé ; la bataille était perdue pour nous, et les torrents de sang répandus pendant deux jours devaient rester stériles !

Cependant la bataille de Villiers produisit un résultat qui me paraît ne pas avoir été suffisamment connu et convenablement apprécié à Paris.

Un grand mouvement de recul fut opéré dans le segment de la circonférence de l'investissement formé par les Wurtembergeois, et dans ce point le cercle de fer qui étreignait Paris fut considérablement affaibli. Le comte Norman abandonna définitivement Plessis-Lalande pour se rendre à la Queue, le comte d'Obernitz quitta le Piple pour reculer jusqu'à Malnoue, où il occupa la

maison de **M.** Anquetil ; le général Reitzenstein se retira dans l'une des dernières maisons du parc de Plessis-
Trévise, celle de **M.** Serrière ; enfin les Saxons ne se
montrèrent pas à Plessis-Lalande, et tout l'espace compris entre Petit-Bry et Champigny resta, pour ainsi
dire, relativement dégarni de troupes.

Les soldats étaient plus démoralisés que jamais ; les
états-majors étaient inquiets, effarés, toujours sur le
qui-vive ; ils ne manifestaient plus la même assurance
ni la même outrecuidante certitude de vaincre.

Arrêtons-nous ici un instant. En raison de la situation
qui nous a permis de tout voir et de tout apprécier sur
le théâtre même des événements, et malgré notre
incompétence, il nous est permis, il est même de notre
devoir, d'exprimer les réflexions qu'ont fait naître dans
notre esprit la bataille de Villiers et ses conséquences.

La canonnade du 29 novembre fut pour les Allemands une véritable surprise. Rien ne l'avait annon-
cée, rien n'avait pu la faire prévoir.

Pourquoi cette canonnade dans le vide, n'a-t-elle
été accompagnée d'aucun engagement ?

Pourquoi la *surprise* a-t-elle pu, dès lors, se transformer en un *avertissement*, très-précieux pour les Allemands et très-regrettable pour nous ?

Ce fait, qui a été l'objet de tant de commentaires,
trouve-t-il une explication suffisante, une justification,
dans les renseignements suivants fournis par notre confrère, M. le docteur de Ranse? (*Gazette médicale de Paris*,
n° du 10 décembre 1870.)

« Le mardi 29 novembre, toutes les ambulances avaient
» rendez-vous à six heures du matin sur le quai d'Orsay

» et le Champ-de-Mars, près du pont d'Iéna. De rares
» becs de gaz éclairaient les lieux, et l'on avait de la
» peine à trouver les chefs que l'on cherchait, les es-
» couades dont on devait faire partie. Le jour se lève
» et permet de voir un spectacle qui ne manquait pas
» d'un certain côté pittoresque. Plus de trois cents voi-
» tures d'ambulance, munies du drapeau blanc à croix
» rouge, stationnaient à la file les unes des autres sur
» les deux quais et sur le Champ-de-Mars. Les médecins
» de ces ambulances, avec leurs uniformes distinctifs,
» le personnel des infirmiers, extrêmement nombreux,
» formaient divers groupes ; sur la Seine , vingt-sept
» bateaux-mouches, requis pour le transport des bles-
» sés et portant aussi le drapeau de la convention de
» Genève, étaient rangés sur plusieurs lignes et con-
» stituaient une petite flottille. Une foule nombreuse
» assistait du haut du Trocadéro à ces préparatifs de
» départ. Sans la canonnade qui grondait du côté de
» Bicêtre, de Montrouge et de Vanves, sans les tristes
» pensées qui préoccupaient tous les esprits, on se se-
» rait cru à une fête.
    » On attendait pour partir un ordre de l'intendant
» général ; on a attendu longtemps ; *une crue de la*
» *Marne empêchait nos troupes de passer cette rivière,*
» et vers quatre heures seulement un contre-ordre est
» arrivé avec indication d'un rendez-vous au même
» endroit pour le lendemain à sept heures du matin. »
    Ainsi donc, c'est *une crue de la Marne* qui empêcha
nos soldats de passer le fleuve, et d'engager une action
dont il était permis d'espérer un résultat décisif ! (1).

    (1) *P. S.* Le fait a été confirmé depuis par le général
Trochu lui-même.

Mais *la crue de la Marne* n'a pas été tellement imprévue, tellement subite que ses conséquences n'eussent pu être entrevues et dominées ?

« *Oui, sans doute*, dit-on. Mais l'on AVAIT OUBLIÉ » d'emporter des équipages de pont suffisants. »

Ainsi donc, dans ces moments suprêmes, c'est encore aux distractions, aux oublis, aux négligences ou aux fautes de l'administration qu'il faudrait imputer nos revers !

Autres questions plus graves encore.

Pourquoi la bataille du 30 novembre n'a-t-elle pas été continuée pendant la nuit et pendant la journée du 1er décembre ?

Pourquoi les Wurtembergeois, décimés, exténués, mis en pleine déroute, n'ont-ils pas été poursuivis sans relâche, sans trève ni merci, l'épée dans les reins ?

Pourquoi leur a-t-on accordé 36 heures pour se réorganiser ; pour appeler à eux de nombreux renforts saxons, bavarois et prussiens ; pour établir des batteries et se protéger par des retranchements ?

L'on répond :

« Parce que le 30 novembre au soir *nos soldats étaient* » *épuisés par la fatigue, et qu'ils n'avaient plus* NI VIVRES » NI MUNITIONS. »

*Ni vivres ni munitions !* Cette exécrable réponse aura donc retenti à nos oreilles depuis le premier jusqu'au dernier jour de la guerre !

Eh quoi ! Paris possédait une armée de 500,000 hommes pleins d'ardeur et brûlant du désir de combattre ; il regorgeait de vivres militaires et de munitions ! les communications étaient ouvertes, faciles, promptes ; les moyens de transport étaient nombreux, et Paris n'a point pu renforcer, remplacer les troupes fatiguées par

des troupes fraîches, qui ne demandaient qu'à marcher !
Et Paris n'a point pu, à quelques lieues de son enceinte,
pourvoir d'une quantité suffisante de vivres et de munitions une armée de 50,000 hommes ! Et Paris n'a
point compris qu'il fallait, à ce moment décisif, engager son dernier homme, brûler sa dernière cartouche,
consommer sa dernière ration !

Notre conviction intime est que si les Français, après
avoir occupé les hauteurs de Villiers, de Cœuilly et de
Chennevières, s'y étaient maintenus et avaient pour-
suivi LEUR VICTOIRE, ils seraient arrivés *facilement* jusqu'à Lagny. Là, après s'être emparés des immenses
magasins établis par nos ennemis et avoir coupé le
chemin de fer qui, seul, permettait aux Allemands de
se ravitailler en hommes, en vivres et en munitions, ils
obligeaient le roi de Prusse à lever le siége de Paris (1) !

Si nous nous trompons, qu'on nous le démontre.

L'on n'attendait, de ce côté, aucune armée extérieure
de secours. Si donc Lagny n'était pas l'objectif de la
sortie, que se proposait-on ?

Uniquement d'occuper les hauteurs de Villiers, de
Cœuilly et de Chennevières ?

C'était vouloir payer d'un prix bien élevé un mince
avantage. Soit cependant, mais alors il fallait au moins
s'emparer de ces hauteurs et s'y établir solidement.

En présence de semblables événements, l'esprit se
reporte involontairement vers ces grands combats de
l'armée de Metz, dans lesquels pour des motifs incom-
pris de tous les officiers et restés enfouis dans la con-

---

(1) P. S. Cette appréciation est conforme à celle qui a été
développée par le *reporter* du Times. (Voyez *La Campagne
de 1870*, traduit du *Times* par Roger Allou, pages 224-230.)

science du maréchal Bazaine, le signal de la retraite a été **constamment** donné au moment précis où la victoire semblait se décider en notre faveur !

Depuis bien des années déjà nous honorons, nous estimons, nous respectons, nous admirons M. le général Trochu ; mais cependant nous n'hésitons pas à le dire :

Il importe à la renommée et à l'honneur de ce général que le fameux *plan* conçu *à priori* par lui, nous soit enfin dévoilé dans tous ses détails ; il importe qu'on nous expose nettement les circonstances qui se sont opposées à la réalisation de ce plan, aussi bien qu'à celle de tout autre plan improvisé sous l'empire des diverses péripéties du siége de Paris et des indications du moment (1).

(1) *P. S.* Après plusieurs mois d'un stoïque et patriotique silence, M. le général Trochu, dans les séances des 13 et 14 juin 1871, a donné à l'Assemblée nationale les éclaircissements que réclamait de lui l'opinion publique, et nous sommes heureux de pouvoir rendre ici un éclatant et public hommage aux sentiments d'honnêteté, de loyauté, d'humanité, d'abnégation personnelle qui ont inspiré et la conduite et le discours de l'honorable général. Mais ces sentiments ne sont pas toute la cause, et nous avons le droit et le devoir de discuter la valeur logique et militaire de la thèse qui a été exposée et développée pour l'édification de la France et du monde tout entier.

M. le général Trochu commence par établir « non pas comme » un principe, mais comme un *axiome militaire absolu,* qu'une » ville de guerre, quelle qu'elle soit, *qui n'est pas soutenue* » *opportunément par une armée préexistante, tombe entre les* » *mains de l'ennemi.* »
Quelques lignes plus bas, le général déclare que s'il avait

eu, dans Paris, trente ou quarante régiments semblables au 30ᵉ et au 42ᵉ d'infanterie, il aurait peut-être pu, *même en l'absence d'une armée de secours*, résoudre le grand problème militaire dont la solution lui incombait.

Eh bien, accordons l'axiome, mais la question n'est pas là.

Il s'agit de savoir si, *avec les forces dont il disposait*, le général Trochu n'aurait pas pu, *peut-être*, donner au grand problème militaire la solution heureuse qu'il aurait considérée comme *possible* s'il avait eu 30 ou 40 bons régiments sous la main.

Aucun effort général, résolu, désespéré, héroïque n'ayant été tenté, il est *impossible* de s'entendre sur ce point, puisque la question reste soumise exclusivement à des appréciations personnelles, théoriques, hypothétiques, dont aucune n'a la valeur d'un axiome.

« Je bénis le ciel, s'est écrié le général, d'avoir permis que
» j'eusse la fermeté de résister aux violentes contraintes que
» j'ai eu à subir, pour mener les masses de troupes improvi-
» sées que j'avais derrière moi, au-delà de la première ligne
» et jusqu'à la troisième, car elles auraient péri entre la pre-
» mière et la deuxième; elles n'auraient jamais vu la troi-
» sième, et je vous assure, quoique j'aie fait sur la première
» ligne de terribles efforts, que si, prochainement rentré dans
» mes foyers, j'y rencontre la paix qui vient de la conscience,
» c'est que j'aurai empêché le sacrifice inutile de plusieurs
» milliers d'hommes et épargné à plusieurs milliers de fa-
» milles le deuil et la désolation. »

Une conviction personnelle fondée sur une longue expérience militaire et de louables sentiments d'humanité, voilà quelle est, et quelle peut être, la *justification* du général Trochu, et il n'appartient à personne de la combattre.

Le général Trochu déclare que « les lignes de défense
» élevées par les Prussiens sont les plus redoutables qu'on
» ait jamais vues. » Nous le savons; mais a-t-on fait *tout ce que l'on pouvait faire* pour inquiéter, pour troubler l'ennemi dans la construction de ces lignes ?

Le général déclare encore que pour être en sécurité dans Paris, il aurait fallu occuper les hauteurs de Villejuif, de Châtillon, de Meudon, de Bellevue, de Saint-Ouen, de Montretout, d'Ormesson, de Pinson et d'Avron, et que pour les occuper il aurait fallu 100,000 hommes de troupes régulières et plus de six mois de travaux.

Soit encore ; mais a-t-on fait *tout ce qu'on aurait pu faire* pour occuper, sinon toutes les hauteurs, du moins les plus importantes d'entre elles ? Pourquoi avoir dirigé tant d'efforts sanglants et inutiles contre des hauteurs inaccessibles ? Si le plateau d'Avron avait été reconnu intenable, pourquoi l'occuper ?

En ce qui concerne la bataille de Villiers, le général ne s'explique pas. Il dit bien que le 29 novembre nos troupes ont été arrêtées par une crue de la Marne ; il dit bien qu'en fin de compte, c'est-à-dire le 2 décembre, nous avions perdu 6,000 hommes et un grand nombre de généraux ; mais il avoue que la perte de l'ennemi fut de 12,000 hommes, et il ne dit mot de la journée du 30 novembre. Tout ce que nous avons écrit à ce sujet, reste sans réponse et sans solution.

Nous savons, aujourd'hui, que l'objectif de la sortie de Villiers était de donner la main à l'armée de la Loire dans la forêt de Fontainebleau, soit ; mais cet objectif ne pouvant pas être atteint, pourquoi ne pas, comme nous l'avons dit, pousser jusqu'à Lagny ?

Est-il vrai que le général d'Exea n'ait pas *pu* (?) exécuter l'ordre qu'il avait reçu de franchir la Marne à onze heures du matin et de marcher sur Noisy-le-Grand, pour contenir les forces ennemies qui, de ce point, débouchaient dans les plaines de Villiers et y écrasaient les colonnes du général Ducrot ?

L'histoire de *l'armée de Paris* n'aura-t-elle point son Faidherbe, son Chanzy, son de Freycinet ou son de Wimpfen ?

Nous connaissons enfin le *plan* qu'avait conçu le général Ducrot et qu'avait adopté le général Trochu.

Ce plan nous paraît avoir été bien combiné, mais nous n'aurons pas l'outrecuidance de le discuter.

Nous nous bornerons à dire ceci :

Si le général Trochu était *convaincu* de l'excellence absolue et relative de ce plan, son *devoir* était de ne s'en laisser détourner par aucune considération, par aucune pression.

Si le général Trochu était convaincu que la victoire de Coulmiers n'aurait pas les heureux résultats qu'on lui attribuait, son *devoir* était de résister *au vertige* des Parisiens *et de donner sa démission* PLUTÔT *que d'abandonner son plan* et de transporter de l'ouest à l'est tous les efforts accumulés dans la plaine de Gennevilliers !

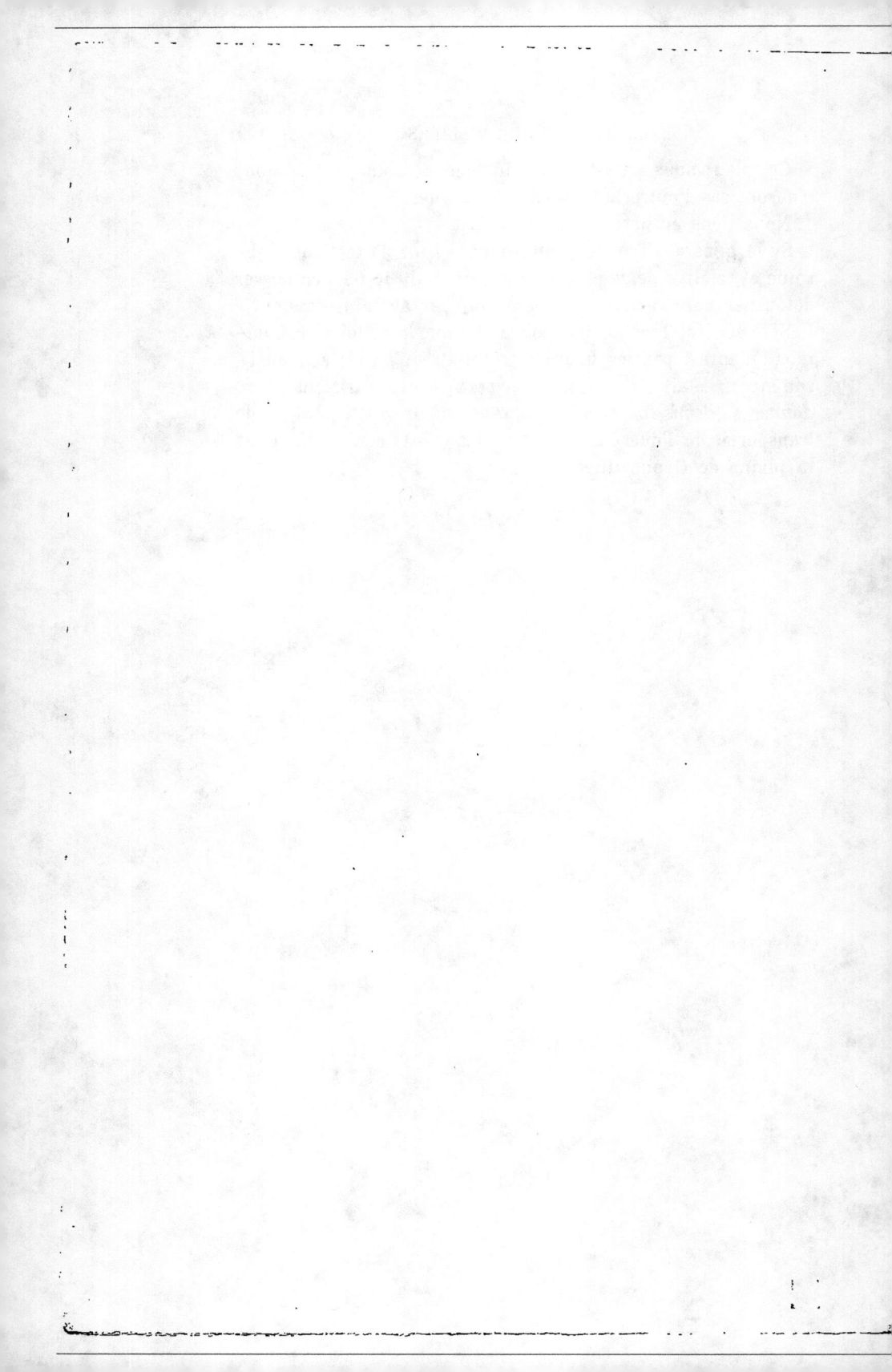

# LA CROIX ROUGE INTERNATIONALE
## ET LES BLESSÉS ALLEMANDS.

Les Allemands reprochent aux Français d'avoir
abusé et mésusé du drapeau et des insignes à croix
rouge. C'est encore là l'une de ces impudentes contre-
vérités qu'ils se sont efforcés de propager pendant
toute la durée de la guerre.

Qui donc a cyniquement foulé aux pieds la convention de Genève, après l'avoir solennellement acceptée ? Qui donc a tiré sur des ambulances ? Qui donc a
fait des médecins français prisonniers, et après les
avoir abreuvés de vexations, d'humiliations et de mauvais traitements, les a, sous prétexte de rapatriement,
considéré comme des malfaiteurs, leur faisant franchir des distances énormes à pied et conduits par des
gendarmes la carabine au poing ?

Qui donc a placé sous la protection de la croix rouge
des soldats et des officiers de toutes armes et de tous
grades, des fourgons remplis de munitions, de vivres,
de vêtements militaires ?

N'ai-je pas vu cent fois des faits de cette nature
s'accomplir sous mes yeux ?

L'on sait que le 16 septembre j'avais fait arborer à

Plessis-Lalande deux drapeaux à croix rouge : l'un à la grille d'entrée, l'autre sur le belvédère du château, et ce dernier pouvait facilement être vu, avec une lorgnette, du fort de Nogent, du donjon de Vincennes, et peut-être même du fort de Rosny. L'on sait aussi que malgré la protection qu'auraient dû m'assurer ces drapeaux, Plessis-Lalande fut « MILITAIREMENT » occupé le 19.

Pendant les premiers jours de l'occupation, l'état-major du général d'Obernitz ne tint aucun compte de nos drapeaux qui, pour lui, semblaient ne pas exister ; cependant, un scrupule, inspiré par l'honneur militaire, ne tarda pas à naître dans l'esprit de quelques officiers supérieurs, scrupule d'autant plus facile à comprendre que le fait qui le provoquait n'était pas de nature à pouvoir être dissimulé.

« — *Monsieur*, me dit un jour le docteur Fichte, » *il se passe ici quelque chose d'irrégulier ; Plessis-* » *Lalande n'est plus une ambulance ; c'est un quartier* » *général ; moi-même je suis ici non plus un médecin,* » *mais un soldat ; nous n'avons pas le droit de nous* » *abriter sous la croix rouge ; cela serait forfaire à la* » *loyauté et à l'honneur militaires. Je vous engage donc* » *à faire enlever vos drapeaux.* »

— Mon cher confrère , répondis-je, je considère vos scrupules comme très-naturels, mais je n'ai pas à intervenir dans la question. Si l'état-major pense que la présence de mes drapeaux compromet sa loyauté et son honneur militaire, qu'il les fasse jeter bas, mais en ce qui me concerne je n'y porterai certainement pas la main.

— « *Mais, Monsieur, nous avons le droit d'exiger*

» *que vous fassiez enlever des drapeaux qui ont été*
» *placés par vous.* »

— Mon cher confrère, je sais que pour vous comme
pour M. de Bismarck, la force a tous les droits possibles
et impossibles ; n'ayant aucun moyen de résistance,
*j'obéirai*, mais à une condition, c'est que vous me re-
mettiez un ordre écrit, signé du général.

M. Fichte s'éloigna, peu satisfait du résultat de la
mission qu'il avait acceptée avec son outrecuidance
habituelle.

Le lendemain je fus soumis à de nouvelles obsessions,
et l'on s'efforça de m'intimider en me parlant des mesures rigoureuses prises contre les personnes arborant,
*sans droit*, les couleurs internationales.

J'allai trouver le général et je lui exposai les faits.

— « *Monsieur le docteur*, me répondit le comte d'O-
» *bernitz, je n'ai point chargé M. le médecin général de*
» *vous entretenir de cette question. Ne vous en occupez*
» *donc pas. J'aviserai moi-même.* »

Quelques jours après le drapeau du belvédère
fut enlevé, mais il ne fut point touché à celui de la
grille d'entrée.

M. le médecin général, mécontent de sa campagne,
voulut prendre sa revanche.

Je portais personnellement un brassard, et une petite croix rouge à mon chapeau de feutre mou. « *Mon-*
» *sieur*, me dit le docteur Fichte, *vous ne* DEVEZ *point*
» *porter ces insignes, et vous feriez bien de vous en dé-*
» *barrasser.* »

— Mon cher confrère, répondis-je en regardant
fixement mon interlocuteur, pour vous être agréable, je
vous ferai une concession ; je vais enlever de mon chapeau cette petite croix à laquelle je ne tiens pas ; mais

8

quant à ce brassard, je vous déclare qu'il restera à mon bras, à moins que pour le faire disparaître l'on ait recours à la force, et je ne pense pas que le général veuille en arriver à cette extrémité.

M. le médecin général reprit la parole, mais, sans lui donner le temps d'entamer un discours qui paraissait devoir être long, je le saluai et lui tournai le dos.

Les choses en restèrent là jusqu'au 30 novembre. A ce moment, nous l'avons vu, le château reçut un grand nombre de blessés allemands, et Plessis-Lalande redevenait la *maison de santé*, l'*ambulance* qu'il n'aurait jamais dû cesser d'être.

Cependant, malgré sa destination nouvelle restée probablement inconnue aux officiers français, Plessis-Lalande continuait à être l'objectif de nos batteries, et les obus pleuvaient autour du château et dans le parc.

La position n'était pas tenable. Le 3 décembre, M. le docteur Fichte trouva bon de faire arborer un nouveau drapeau à croix rouge sur le belvédère, et le 4, vers le soir, M. de Langenbeck vint me dire que je pouvais en toute certitude rassurer les malheureux blessés, que faisait tressaillir, à chaque instant, l'explosion des bombes.

« — *Nous avons fait savoir au général Trochu*, me dit » le héros de Nogent-sur-Seine, *que Plessis-Lalande* » *est maintenant une véritable ambulance, et il nous a* » *été promis que désormais aucun obus ne serait dirigé* » *sur le château.* »

Le 5, les feux des forts ne furent en rien modifiés. Le 6, M. de Langenbeck vint me demander, au nom du général d'Obernitz, si je consentirais à me rendre aux avant-postes français, en qualité de parlementaire,

pour y traiter de la neutralisation de Plessis-Lalande.

Malgré un état de maladie assez grave, je répondis
que j'accepterais cette mission avec empressement, et
j'insistai pour être mis en demeure de la remplir le
plus tôt possible. A plusieurs reprises la même question
me fut adressée par le docteur Fichte, par le commandant d'Ellrichshausen, par le général Reitzenstein, etc.
Mes réponses et mes instances furent, bien entendu,
toujours les mêmes aussi. Le 7, il me fut déclaré que
je devais considérer comme non avenue la proposition
qui m'avait été faite.

Pendant les journées et les nuits des 7, 8, 9 et 10
décembre, les obus continuèrent à pleuvoir à Cœuilly
et dans le parc de Plessis-Trévise ; mais Plessis-Lalande parut être intentionnellement épargné.

Le 11, à sept heures du matin, une explosion formidable ébranla le château jusque dans ses fondements;
un obus venait d'éclater à trois mètres de l'aile gauche
du bâtiment, et tous les malheureux blessés pous-
sèrent des cris d'épouvante. La communication et la
promesse annoncées par M. de Langenbeck n'avaient-
elles pas été faites? Les Français, tant de fois trompés
par nos ennemis, avaient-ils refusé d'ajouter foi à
leurs déclarations? Ces drapeaux alternativement placés,
déplacés, replacés, avaient-ils excité une méfiance légitime?

Je ne sais, mais, quoi qu'il en soit, la résolution d'é-
vacuer Plessis-Lalande fut immédiatement prise par
les Allemands; le drapeau international fut de nouveau arraché avec violence du belvédère; des blessés
furent transportés dans diverses maisons éloignées du
parc de Trévise, et le soir même Plessis-Lalande n'était

plus occupé que par vingt-cinq cavaliers commandés par le lieutenant Hiller et une dizaine de blessés.

Nous avons dit que le 18 novembre, à l'arrivée du général Reitzenstein, une compagnie semblable avait pénétré dans le château ; nous avons raconté par quels hauts faits elle s'était signalée, et avec quelle énergie le capitaine Dietsch avait réprimé le désordre. Ces hommes, comme on l'a vu, avaient, ainsi que le général, abandonné Plessis-Lalande le 20 ; nous n'avions eu, par conséquent, qu'un avant-goût de leurs mérites, et nous n'avions pu les juger avec une connaissance suffisante de cause.

Aujourd'hui notre édification est complète en ce qui concerne les mérites de ce respectable corps, que nous avons pu étudier et apprécier sur le vif, depuis le 30 novembre jusqu'au 23 décembre.

Après avoir établi, avec raison, qu'à tous les points de vue, militaires et humanitaires, il est bon que les armées possèdent des compagnies de brancardiers organisées à l'avance, ayant des fonctions et une instruction bien définies, et existant d'une manière permanente, même en temps de paix, M. le colonel Stoffel ajoute : « En Prusse, on compose les compagnies de porteurs de blessés d'hommes de la landwehr, *présentant toutes les garanties désirables de moralité et de bonne conduite.* » J'ignore quelles sont la composition, la moralité et la conduite des brancardiers *prussiens*, mais je suis en droit d'affirmer que les paroles du colonel ne peuvent, en aucune façon, être appliquées aux brancardiers *wurtembergeois*.

Ceux-ci, qui après la bataille se transforment en *infirmiers*, sont composés d'hommes de la landwehr et de volontaires; ils sont organisés militairement, et tant qu'ils sont réunis en compagnies, et placés sous la surveillance et le commandement direct de leurs officiers, ils restent soumis aux règles de la discipline allemande; mais dès qu'ils entrent en fonctions, soit sur le champ de bataille, soit — et surtout — dans les ambulances, *ils deviennent les ivrognes et les pillards les plus indisciplinés et les plus effrontés que l'on puisse rencontrer.* Je sais qu'en ces temps malheureux il ne nous est guère permis, à nous autres Français, de parler de discipline; cependant, je ne crois pas que jamais nos armées aient présenté un spectacle aussi honteux que celui qui, pendant un mois, s'est déroulé sous nos yeux.

Dès le 30 novembre, Plessis-Lalande devint la proie des *hommes à brassard* (*Sanitats Manschafft*), brancardiers et infirmiers; ils pénétrèrent partout, forcèrent toutes les portes et toutes les armoires fermées depuis le départ du général d'Obernitz, et volèrent tout ce qui leur tomba sous les mains.

Le 19 septembre, l'invasion avait été tellement subite et instantanée, que je n'avais pas eu le temps de transporter dans mon chalet les instruments de chirurgie, les bronzes, les objets d'art, etc., qui garnissaient, au château, mon cabinet de consultation; mais, sur l'invitation du colonel Triebig lui-même, auquel cette magnifique pièce avait été assignée, j'avais mis tous ces objets sous clef, dans les buffets des trois bibliothèques en chêne sculpté qui s'y trouvaient placées. Ces buffets furent forcés et entièrement dévalisés.

Dans une allée du parc de Trévise, je rencontrai, un jour, l'un des officiers du général Reitzenstein; il

8.

s'approcha de moi, en me tendant une boîte en peau de chagrin.

« — *Docteur*, me dit-il, *je viens de trouver cet objet;* » *je pense qu'il vous appartient, et je vous l'apporte.* »

La boîte contenait une sphygmographie de Marey.

— Mais, lieutenant, vos hommes volent donc pour le plaisir de voler ou de détruire.

— « *Que voulez-vous, cher docteur :* ça brille ! *et ils* » *ne savent pas que tout ce qui brille n'est pas or.* »

Le 12 décembre, le château étant partiellement évacué, des réquisitionneurs officiels, accompagnés de chariots, vinrent enlever toute la literie de Plessis-Lalande (*sommiers, matelas, oreillers, traversins, couvertures, draps*) pour la transporter dans les nouvelles ambulances du parc de Plessis-Trévise (maison Verceilles, ferme de Plessis, etc.), à la Queue, à Noiseil, à Chennevières, etc. L'opération terminée, je fis fermer les portes du château, et je priai le lieutenant Hiller de vouloir bien y faire apposer des affiches en interdisant l'entrée.

Mais les *brancardiers-infirmiers* étaient là ! Les affiches furent lacérées, les portes enfoncées, et jusqu'au 23 décembre, malgré mes efforts personnels, malgré l'intervention incessante du lieutenant, je vis s'opérer sous mes yeux, sans pouvoir y mettre obstacle, le pillage quotidien, méthodique de Plessis-Lalande. En ma présence et malgré mes protestations les plus énergiques, des *hommes à brassard* décrochaient et emportaient une glace, un tableau, des rideaux, un album. A deux reprises Mme Fleury, ne pouvant contenir son indignation, arracha des mains de ces misérables une glace de Venise et un album auxquels elle tenait beaucoup, et je dois reconnaître qu'aucune résistance ne lui fut opposée, mais je la priai néanmoins de s'abstenir désormais d'une intervention qui pouvait amener de graves conflits. Plusieurs fois, d'ailleurs, j'avais déjà été obligé de modérer les élans et les imprudences de son patriotisme exalté, dont le général et le commandant avaient seuls compris le caractère élevé.

Mais, abstraction faite de leur moralité et de leur conduite, les *brancardiers-infirmiers* wurtembergeois ont-ils du moins rendu à leurs nationaux blessés les services que ceux-ci devaient attendre d'eux ?

Sur le champ de bataille, les brancardiers wurtembergeois n'ont été ni plus ni moins courageux que les nôtres. Sans doute, ils hésitaient parfois à ramasser les blessés sous le feu des canons et des chassepots, mais, somme toute, ils remplissaient convenablement leurs devoirs.

En est-il de même à l'ambulance? Il s'en faut de beaucoup, et ceci nous conduit tout naturellement à cette autre question :

*Comment les blessés allemands sont-ils traités ?*

Ce que nous avons vu nous oblige à répondre : FORT MAL.

Les blessés apportés au château de Plessis-Lalande étaient déposés sur un matelas étendu sur le plancher; on ne les déshabillait ni ne les déchaussait. J'ai vu des officiers, ayant la poitrine traversée par une balle, rester ainsi pendant huit ou quinze jours dans leurs bottes et dans leurs habits roides de sang coagulé ; le personnel médical étant absolument insuffisant, plusieurs heures

s'écoulaient avant que ces malheureux eussent été visités
et pansés. Qu'en auraient dit les Américains dans les
ambulances desquels tout blessé est immédiatement
déshabillé, étendu nu sur un lit de sangle et lavé de la
tête aux pieds, après quoi il est revêtu d'une chemise
de flanelle, pansé avec soin et couché dans un bon lit.

Un seul médecin de régiment, secondé par quelques
jeunes aides, avait été préposé aux ambulances de
Plessis-Lalande et de Saint-Martin ; le nombre des
blessés atteignait, m'a-t-on dit, le chiffre de 800 ; des
amputations immédiates devaient être pratiquées. Il
était impossible qu'un seul homme pût suffire à tant de
soins.

Le médecin général m'avait délégué une autorité
discrétionnaire ; je voulus introduire un peu d'ordre et
de méthode dans cette confusion, mais je ne pus y parvenir. Je donnais un ordre ; mais M. Fichte arrivait
en courant, et, sans recueillir aucune information,
donnait un ordre différent, lequel était modifié une
heure après par le médecin du régiment. Le plus souvent aucun de ces ordres n'était exécuté, et les blessés
restaient abandonnés aux inspirations des aides et des
infirmiers. Ceux-ci, occupés à boire, à manger, à
fumer et à piller, s'inquiétaient d'ailleurs fort peu des
malades.


Dans l'une des ambulances du parc de Trévise (maison Verceilles ) étaient couchés plusieurs officiers dont
la poitrine avait été traversée par une balle ; des infirmiers établis au rez-de-chaussée, non contents de crier,
de faire un tapage infernal, de maintenir toutes les
portes et toutes les fenêtres ouvertes par un froid de 10 à

12 degrés, fumaient, allumaient des *feux allemands* et remplissaient toute la maison d'une épaisse fumée : celle-ci déchirait la poitrine des malheureux blessés, provoquait la toux, gênait la respiration ; des ordres furent donnés par des médecins et par des officiers, mais ni ces ordres, ni mes instances, ni les plaintes des blessés, ni les supplications d'une courageuse femme venue d'Allemagne pour soigner son mari, le lieutenant-colonel d'Egloffstein, ne purent décider les misérables porteurs de brassards à s'établir dans une maison attenant à l'ambulance, et dans laquelle ils auraient pu se livrer à toutes leurs habitudes tudesques sans incommoder personne. Ils firent une ouverture dans le mur mitoyen, mais, après l'avoir faite, ils se gardèrent bien d'y passer.

— Mais faites donc intervenir le général Reitzenstein, disais-je à Mme d'Egloffstein ; il saura bien se faire obéir !

— « *Je n'ose pas*, répondait la pauvre femme ; *ces* » *hommes m'en garderaient rancune, et je ne pourrais* » *plus rien obtenir d'eux pour mon mari.* »

Et cependant qu'en obtenait-elle ? Presque rien, car tout manquait, et à plusieurs reprises je fus assez heureux pour pouvoir lui offrir une tasse de bouillon, un morceau de viande fraîche, quelques légumes qui étaient accueillis avec un vif plaisir par le pauvre blessé.

Il semblait qu'il ne fût pas entré dans les prévisions wurtembergeoises que des blessés nombreux pourraient se trouver réunis à Villiers-sur-Marne ; aussi fut-on obligé, comme je l'ai dit, de diriger immédiatement sur Combault, Pontault et même Lagny, des blessés pour lesquels le transport devait être mortel, les Allemands n'ayant d'ailleurs ni ambulances volantes de campagne,

ni rien d'analogue aux *ambulances-tentes* des Américains.

Tout faisait défaut : le linge, les médicaments, les
vivres ; les officiers étaient obligés de faire venir à
leurs frais des comestibles ; mais de Stuttgardt à Plessis-Lalande le trajet était difficile, et l'attente semblait bien longue aux pauvres blessés !

Des amputations furent pratiquées, à la lueur vacil-
lante d'une mauvaise bougie, sur des hommes étendus
sur un plancher froid et humide, et les pansements
furent faits avec de mauvais chiffons ramassés çà et là !
Aussi la mortalité fut-elle considérable parmi les
hommes ayant subi de graves opérations.

Tels se sont montrés à nous les brancardiers et les
infirmiers wurtembergeois, et les officiers, honteux de
leur impuissance à réprimer des désordres qu'ils déplo-
raient, nous disaient encore une fois, pour se consoler
et se réhabiliter comparativement :

« SI CES HOMMES ÉTAIENT DES PRUSSIENS, VOUS EN
» VERRIEZ BIEN D'AUTRES ! »

Par opposition aux *porteurs de brassards*, les blessés
ont provoqué notre admiration et conquis nos sympathies, en dépit des sentiments très-différents que
nous inspirait notre patriotisme si douloureusement
surexcité.

Ces grands, blonds et lymphatiques Allemands, ont
un moral de fer ! Les hommes mortellement frappés,
souffraient et expiraient en silence sur leur grabat, sans
proférer un cri, une plainte, un gémissement ; ceux

qui avaient reçu des blessures graves déployaient
une résignation calme et fière ; toujours satisfaits de
tout et de tous, ils ne manifestaient aucune impatience, aucune exigence ; ils restaient silencieux et
froids à l'égard de leurs compatriotes, mais ils étaient
profondément touchés et reconnaissants des soins at-
tentifs et affectueux que je leur prodiguais. J'ai vu des
officiers de tous grades me saisir les mains et les em-
brasser. Ceux qui n'étaient que légèrement blessés
n'avaient qu'une pensée, qu'un désir : *retourner au
combat*. J'ai pansé à Plessis-Lalande deux officiers
prussiens dont l'un avait la main droite traversée par
une balle, l'autre le muscle deltoïde gauche ; à peine
avais-je placé la dernière des épingles destinées à maintenir en place les bandes de pansements, que ces deux
braves, me remerciant et me rendant le salut militaire, s'élançaient vers le champ de bataille !


Le 3 décembre, l'on vint me dire que des blessés
étaient entassés dans le cabaret de Dubut père, situé à
l'extrémité du parc de Trévise et prenant vue sur la plaine
des Bordes. J'y courus, accompagné de Mme Fleury,
qui ne voulait plus se séparer de moi. Nous trouvâmes
là une quinzaine d'hommes couchés sur de la paille
humide. Un sous-officier d'artillerie, ayant eu la colonne vertébrale fracassée, au niveau de la région
lombaire, par un éclat d'obus, expirait en silence ; je
m'approchai de lui : « *Ne vous occupez pas de moi,
» monsieur le docteur*, me dit-il d'une voix à peine in-
» telligible ; *vous ne pouvez pas me sauver : je vais
» mourir*, » et d'une main défaillante il me montrait
ses camarades.

Je fis apporter plusieurs seaux d'eau froide, et, grâce au concours de Mme Fleury, je pus rapidement laver toutes les plaies et les débarrasser du sang coagulé qui les souillait et les enflammait; puis, n'ayant rien pour pratiquer un premier pansement, je fis transporter tous ces malheureux à la ferme Saint-Martin.

Les blessures de beaucoup les plus fréquentes, à Plessis-Lalande, ont été les blessures des membres, et cela dans l'ordre suivant : les jambes, les bras, les mains et les pieds; viennent ensuite les plaies de tête et les plaies pénétrantes de poitrine.

*P. S.* — Il en a été de même à Lagny, d'après les renseignements qui m'ont été fournis par mes confrères Bonnet et Garnier.

« Les blessures les plus fréquentes, dit le docteur » de Ranse, siégeaient aux jambes, aux cuisses, à l'é- » paule, aux bras, aux pieds; peu de blessures de la » tête, et de rares blessures de poitrine, surtout de » blessures pénétrantes. »

Une statistique publiée par le *Soir* indique, sur 662 blessures :

|  |  |  |
|---|---|---|
| 221 | blessures | de jambe. |
| 84 | — | au bras. |
| 71 | — | à la main. |
| 47 | — | au pied. |
| 53 | — | à la tête. |
| 25 | — | à la poitrine. |

A quelques légères différences près, les résultats paraissent donc avoir été partout les mêmes.

A Plessis, les blessures ont été, pour la plupart, *en séton*, circonstance qu'explique la force de projection des nouvelles armes, et c'est avec un certain étonnement que j'ai constaté que beaucoup d'entre elles présentaient leur ouverture d'entrée *dans le dos*, et leur ouverture de sortie sur la poitrine. La même remarque a été faite à Lagny, par les docteurs Bonnet et Garnier.

Les blessures *dorso-pectorales* avaient, en général, un trajet oblique de bas en haut, seconde circonstance qu'expliquent parfaitement aussi les positions respectives des belligérants sur le champ de bataille très-accidenté s'étendant de Petit-Bry à Champigny. Partout les Allemands occupaient des crêtes, et lorsqu'ils tournaient le dos à l'ennemi, ils étaient obligés de gravir des escarpements plus ou moins roides.

Les blessures par boulet ou par éclat d'obus ont été très-rares ; je n'ai pas rencontré une seule blessure par baïonnette.

La plupart des blessés gravement atteints étaient, en arrivant à Plessis, dans un état de stupeur plus ou moins profonde; aussitôt que possible on leur faisait boire, d'après la méthode américaine, une tasse de bouillon et un verre de vin, de vin de Champagne de préférence ; dès le lendemain on leur donnait une alimentation substantielle. Si les phénomènes de réaction sont intenses, si la fièvre traumatique est violente, si de vives douleurs se manifestent, l'on a recours aux injections hypodermiques morphinées. Il est à remarquer, d'ailleurs, que ces phénomènes ne se montrent que rarement. J'ai vu des hommes, dont la poitrine avait été traversée par une balle, guérir, sans pour ainsi dire avoir eu de fièvre.

9

Ici se place, tout naturellement, un épisode touchant qui confirme les principales assertions que je viens d'émettre.

Le 2 décembre, deux cadavres et un blessé étaient apportés à Plessis-Lalande. Les deux cadavres étaient ceux de deux jeunes gens, âgés de 19 et 20 ans, de deux frères, engagés volontaires et seuls enfants du comte Taube, ministre d'État du roi de Wurtemberg et de Mme Taube, dame d'honneur de la Reine. Ces deux malheureux enfants avaient eu la poitrine traversée par une balle ; l'un était mort sur le coup, l'autre n'avait survécu que quelques heures à son horrible blessure.

Le blessé était le lieutenant-colonel d'Egloffstein ; il était sans mouvement et privé de connaissance ; du sang coulait en abondance par une déchirure que présentait son uniforme, en arrière, vers le milieu de la portion dorsale du rachis. On le coucha, tout habillé, sur un matelas étendu sur le plancher de mon cabinet de consultation, et l'on vint avertir M. le médecin général Fichte, lequel se trouvait précisément au château en ce moment.

Le blessé était couché sur le dos ; mon confrère ne le fit ni retourner ni soulever, afin de pouvoir l'examiner, et un aide lui ayant indiqué le siége de la blessure, M. Fichte se retira en disant : « *Fracture du rachis,* » *lésion de la moelle, il n'y a rien à faire. C'est un* » *homme mort.* »

Bientôt le blessé ouvrit les yeux et demanda à boire ; M. Fichte en ayant été prévenu se rendit de nouveau auprès de M. d'Egloffstein.

« — *Mon cher colonel,* lui dit-il, en se référant à son » premier diagnostic, *votre blessure est très-grave ; si*

» *vous avez des commissions pour votre famille, je m'en*
» *chargerai avec empressement. Allons, courage, et que*
» *Dieu vous garde !* »

Le blessé comprit parfaitement que ceci était son
arrêt de mort ; il ne prononça aucune parole, mais son
émotion se traduisit par quelques mouvements con-
vulsifs.

Je fus appelé. Je commençai par rassurer le blessé,
par le calmer autant que possible ; je lui fis prendre de
l'éther, et je procédai immédiatement à l'examen. La
sensibilité et la motilité étaient intactes ; le malade,
quoique très-faible, pouvait facilement mouvoir ses
membres. L'ayant fait déshabiller, je constate qu'une
balle a pénétré dans la gouttière vertébrale droite,
vers le milieu de la région dorsale, mais la colonne
osseuse ne présente aucun signe de fracture et n'est
douloureuse à la pression en aucun point. J'examine
la partie antérieure du corps, et je constate que la balle
a traversé la poitrine et qu'elle est sortie au-dessous
de la clavicule gauche ; le malade tousse à peu près
toutes les quatre ou cinq minutes, mais l'effort de toux
est toujours unique et amène le rejet d'un crachat vo-
lumineux, sanglant et spumeux. Aucune douleur dans
la poitrine. La percussion ne fournit que des signes
négatifs. A l'auscultation, l'on entend du côté gauche,
et aux deux temps de la respiration, un gros râle humide, une sorte de gargouillement ; pas d'épanchement
pleural. Le pouls est extrêmement faible mais peu fré-
quent (72). La peau est froide, la face exprime encore
la stupeur.

La situation était grave, mais elle ne me parut pas
être désespérée ; j'encourageai le blessé avec un air de
conviction qui lui rendit l'espérance. Je prescrivis un

bouillon, un verre de vin de Bordeaux, une potion éthérée à prendre par cuillerées d'heure en heure, et je promis au colonel de revenir le voir plusieurs fois dans la journée.

En descendant l'escalier du château, je rencontrai le médecin-général.

— Mon cher confrère, lui dis-je, je quitte à l'instant le colonel d'Egloffstein; voudriez-vous venir l'examiner avec moi?

« — *Mais, je l'ai déjà vu deux fois !* »

— Je le sais, mais je voudrais néanmoins le revoir avec vous, et vous communiquer quelques observations.

— « *C'est inutile; c'est un homme mort.* »

— Mais, cher confrère, le rachis et la moelle sont intacts ; la balle a traversé la poitrine ; elle est sortie au-dessous de la clavicule gauche; je crois que tout espoir n'est pas perdu, et que l'on peut encore sauver ce malheureux. Remontez un instant.

« — *Mon cher collègue* — (enfin!!) — *je ne puis* » PERDRE MON TEMPS *auprès des blessés pour lesquels la* » *science ne peut plus rien. Faites d'ailleurs du colonel* » *tout ce que vous voudrez. Je vous le livre.* »

Et le D<sup>r</sup> Fichte remonta dans sa voiture et partit au galop, pour continuer sa tournée d'inspection.


Cependant deux dépêches télégraphiques avaient été adressées à Stuttgardt : l'une au comte et à la comtesse Taube, pour leur annoncer la mort de leurs enfants; l'autre à Mme d'Egloffstein, pour lui annoncer que son mari n'avait plus que peu d'heures à vivre.

Le 3, M. le baron d'Ellrichshausen vint m'informer

que M. et Mme Taube arriveraient le soir même, et il
me pria, au nom du général d'Obernitz, de les recevoir
avec tous les égards dus à leur rang et à leur malheur.

— Mon cher commandant, répondis-je, dites au
général que M. et Mme Taube ne seront pas des ennemis pour nous, mais un père et une mère frappés
dans leurs plus chères affections.

« — *Je le savais par avance, mon cher docteur, et je*
» *vous en remercie au nom de mon pays.* »

A neuf heures du soir, une voiture s'arrêta à la porte
du château ; trois personnes en descendirent en chan-
celant : M. le comte Taube, la comtesse, et Mme d'E-
gloffstein.

Je confirmai à la malheureuse mère, qui ne pouvait
pas encore y croire, la réalité de l'affreux coup qui la
frappait, mais j'eus le bonheur d'annoncer à Mme d'E-
gloffstein que son mari n'était point mort, et que tout
espoir de le sauver n'était pas perdu. — Parfois la joie
fait bien mal ! La pauvre femme faillit s'évanouir dans
mes bras.

J'introduisis le comte et la comtesse dans la chambre
mortuaire où leurs enfants reposaient de l'éternel sommeil, et je conduisis Mme d'Egloffstein auprès de son
mari.

Vers onze heures, notre modeste chalet reçut les
trois voyageurs, brisés par la fatigue, l'émotion et l'inanition. La comtesse se jeta dans les bras de Mme Fleury ;
la douleur de cette mère fut comprise et partagée par
une mère ignorante, depuis deux mois, du sort de son
propre fils, et ces deux nobles femmes confondirent
leurs larmes dans une mutuelle étreinte !

Après avoir, sur nos pressantes instances, bu une

tasse de thé et mangé une tranche de jambon, le comte
et la comtesse prirent possession de la chambre de
Mme Fleury; un lit de sangle avait été disposé dans le
salon pour Mme d'Egloffstein.

Le lendemain matin, j'eus l'honneur de conduire
Mme la comtesse Taube au château de Pontault, où
gisaient, mortellement blessés, un neveu et un cousin
germain à elle. Le comte resta au château pour présider,
lui-même, aux mesures exigées par le transport à Stuttgardt des cadavres de ses deux fils. A quatre heures,
tout était terminé. A notre retour de Pontault, nous
trouvâmes la voiture attelée et le comte attendant sa
femme pour se mettre en route.

La séparation fut cordiale et attendrie, mais ces
malheureux parents, dont la vie, désormais sans objet
et sans but, était brisée, supportaient leur immense
douleur avec une stoïque fermeté, soutenus qu'ils étaient
par cette pensée : Nos fils ont fait leur devoir, et c'est
pour la défense de la patrie allemande qu'ils sont
morts.

*P. S.* — Le 28 janvier 1871, M. Taube m'écrivit
de Stuttgardt la lettre suivante :

« Monsieur,

» Après être rentré dans mes foyers et avoir déposé
» les dépouilles mortelles de mes enfants chéris dans
» le sol natal, j'avais à cœur de vous exprimer encore
» une fois toute la reconnaissance que nous conserve-
» rons à jamais de l'accueil touchant que vous avez
» bien voulu nous faire à Plessis-Lalande, et de la part
» sympathique que vous et Mme Fleury avez prise à
» notre douleur.

» C'est bien contre mon gré que j'ai tardé à vous

» écrire, Monsieur, et j'ose réclamer votre indulgen-
» ce..... Néanmoins, Monsieur, je ne veux pas tarder
» plus longtemps à vous offrir l'expression de notre pro-
» fonde gratitude. Nous n'oublierons jamais que vos
» consolations sont venues nous soutenir lorsque nous
» nous sommes trouvés en présence de nos fils,
» étendus morts. Nous n'oublierons pas la sollicitude
» et les soins délicats dont vous et Mme Fleury nous
» avez entourés pendant notre séjour à Lalande. Notre
» plus ardent désir est de pouvoir un jour vous prou-
» ver combien vos bienfaits sont gravés dans nos
» cœurs.

   » Agréez, etc.

» · Comte TAUBE. »

Ce livre portera témoignage pour nous.

M. et Mme Taube y reconnaîtront l'expression des sentiments [de respect et d'affection qu'ils nous ont inspirés.


Mme d'Egloffstein resta auprès de son mari ; elle s'établit à son chevet qu'elle ne quitta plus ni nuit, ni jour. Lorsque, le 23 décembre, nous fûmes chassés de Plessis-Lalande, le colonel était en pleine convales cence, et l'heureux couple se disposait à retourner à Stuttgardt.

# APRÈS LA BATAILLE DE VILLIERS.

Luxembourg, janvier 1871.

Nous avons dit que le 3 décembre un grand mouvement de recul avait été opéré par le corps d'armée wurtembergeois, le général d'Obernitz ayant abandonné le Piple pour Malnoue ; le général Reitzenstein ayant quitté Villiers pour l'extrémité la plus reculée du parc de Trévise (maison Serrière) ; et le colonel Norman ayant abandonné Plessis-Lalande aux blessés, et s'étant retiré à la Queue.

Nous avons vu également que depuis le 3 jusqu'au 11 décembre, Plessis-Lalande était redevenu une *ambulance* par la force des choses, et n'avait plus été occupé que par de nombreux blessés, auxquels furent dès lors consacrés tous mes soins et tout mon temps.

Le 11 décembre, le bombardement de Plessis-Lalande recommença avec plus de furie que jamais ; M. le comte Norman *m'engagea* pour la seconde fois à délaisser mon chalet, et il me donna un sauf-conduit m'autorisant *à m'établir dans telle maison du parc de Plessis-Trévise qu'il me plairait.* « Ayez soin, me

9.

» dit-il, de choisir une habitation placée sûrement à
» l'abri des bombes. »

En parcourant les parties les plus reculées du parc, je
rencontrai le jardinier du comte de Verceilles.

— Perrot, lui dis-je, nous sommes de nouveau
chassés par les bombes; pouvez-vous nous recevoir
chez vous?

— Oui certes! Monsieur, et j'en serai bien heureux;
la maison a déjà été dépouillée de ses matelas, de ses
sommiers, de tous ses objets de literie et de bien d'autres choses, mais elle est encore souvent visitée par
des soldats, des maraudeurs, et dans l'état d'isolement
où je me trouve je redoute une dévastation complète.
Votre présence nous en sauvera; venez donc, Monsieur, et vous serez le bienvenu! »

Je fis porter chez M. de Verceilles nos sommiers,
nos matelas, nos couvertures, tout le linge que nous
avions pu sauver, des ustensiles indispensables, etc.;
je confiai quelques menus objets, les livres du comptable, etc., à des habitants du parc sur la fidélité desquels
je croyais pouvoir compter, et nous abandonnâmes Plessis-Lalande, cette fois pour n'y rentrer qu'après bien
des mois d'exil et de cruelles souffrances !

A peine étions-nous entrés dans la maison de Verceilles *depuis deux heures*, qu'apparut le général-médecin.

— « *Monsieur* — déjà il en revenait au *monsieur*,
» — *j'ai besoin de cette maison pour y transporter des*
» *blessés qui sont encore à Lalande, où la position n'est*
» *plus tenable; mettez-vous en mesure de me la céder*
» *dans le plus bref délai.* »

— Mais, mon cher médecin-général, je suis ici avec l'autorisation, je pourrais dire par l'ordre du comte Norman, et je montrai mon sauf-conduit. Je n'ai plus d'autre abri, et je suis moi-même malade; il vous est facile, à vous, grâce aux ressources dont vous disposez, de mettre en peu de temps telle maison du parc que vous choisirez en état de recevoir vos malades!

Le docteur Fichte insista. J'aurais pu — et peut-être même aurais-je dû — résister, et mettre ces messieurs en demeure d'employer la violence pour m'expulser; mais l'on invoquait les intérêts sacrés des malheureux blessés, et je cédai. Il fut convenu que moi, Mme Fleury et sa femme de chambre, occuperions une seule pièce du rez-de-chaussée, la salle à manger; que Mme Vinaut et ses deux enfants se contenteraient d'un cabinet placé sous les combles, et que M. Bolliet chercherait un refuge ailleurs. Des matelas furent étendus par terre, contre des murs ruisselant d'eau, et notre installation se trouva réduite à la plus triste expression possible.

Immédiatement des soldats et des infirmiers se mirent en devoir d'opérer le transfèrement. Perrot, le jardinier, ayant déclaré ne pas avoir en sa possession la clef de la grille d'entrée, celle-ci fut forcée et livra passage à des chariots amenant de Plessis-Lalande des sommiers, des matelas, des traversins, des couvertures, du linge, etc. L'on installa des lits dans toutes les chambres de la maison, et le soir même M. et Mme d'Egloffstein, un jeune officier que sa belle-mère était venue rejoindre, et plusieurs autres blessés, atteints pour la plupart de plaies de poitrine en séton,

furent transportés du château de Plessis-Lalande dans
la maison Verceilles et en occupèrent toutes les
chambres. La cuisine, contiguë à la pièce qui nous ser-
vait de chambre à coucher, de salon, de salle à manger et de cuisine, fut abandonnée aux infirmiers, lesquels y déployèrent, en toute liberté, les habitudes
tudesques que nous avons déjà fait connaître. Les infirmiers et les domestiques occupèrent les combles.

Une épaisse couche de neige couvrait la terre, le
thermomètre oscillait entre 8 et 12 degrés au-dessous
de zéro, et cette inclémence du temps rendait plus intolérable encore une situation sous l'influence de laquelle nos santés périclitaient de plus en plus. Après
l'angine grave dont j'ai parlé, Mme Fleury fut atteinte
de fièvre intermittente, puis d'une névralgie faciale
très-douloureuse, et enfin elle contracta une bronchite
qui me donna de vives inquiétudes. Quant à moi, je
devenais rapidement anémique, je maigrissais à vue
d'œil, j'étais en proie à une grande excitation ner-
veuse, et je livrais ainsi à la goutte un terrain si bien
préparé qu'elle ne manqua pas d'en profiter.

Notre situation devenait intolérable, et je me décidai
à déménager encore une fois. Je jetai les yeux sur une
maison voisine, appartenant à un sieur Cassano; mais
cette maison abandonnée, et que personne ne gardait,
avait été complétement pillée; il ne s'y trouvait plus
que deux bois de lit, une table de nuit et une commode démantelée; les portes et les fenêtres, restées ouvertes depuis trois mois, avaient laissé pénétrer l'eau
de toutes parts; la salle de billard, placée à côté de la
chambre à coucher, était un étang. Je fis fermer les

ouvertures, éponger l'eau et, pendant trois jours, entretenir du feu dans les cheminées. Au moment où j'allais y transporter ma petite smala, des officiers intervinrent.

— « *Vous avez bien tort*, me dirent-ils, *de vouloir*
» *habiter cette maison ; dans quelques jours vous en serez*
» *délogé par les bombes du plateau d'Avron.* »

Je reculai à la perspective d'un nouveau déplacement forcé, et nous nous résignâmes à rester où nous étions, quittes à y tomber plus malades encore, sinon à y être congelés par le froid ou asphyxiés par la fumée.


Depuis le 3 décembre, le découragement paraissait être devenu général parmi les Wurtembergeois ; M. d'Ellrichshausen était triste et soucieux ; le général Reitzenstein disait à Mme d'Egloffstein : « *Chère ma-*
» *dame, aucun de nous ne reverra sa patrie,* » et de grosses larmes sillonnaient les joues de ce rude soldat. Les liens de la discipline étaient entièrement rompus, et les officiers ne tentaient même plus de les renouer. La *cohésion*, cette grande force des armées allemandes, n'existait plus ; les soldats et les officiers erraient au hasard dans les allées du parc de Trévise ; le désordre se montrait partout, même dans la résidence du général Reitzenstein. L'occupation par les Français du plateau d'Avron inspirait de vives inquiétudes aux états-majors, et était devenue la constante préoccupation des officiers ; il semblait que le sort du siége de Paris et de la guerre dût en dépendre ; l'on estimait que les obus lancés de ce point pourraient atteindre les parties les plus éloignées du parc de Trévise, et déjà l'on s'occupait de

chercher, pour le général Reitzenstein et pour les blessés, des abris plus sûrs.

*Le plateau d'Avron!* — Pourquoi a-t-il été occupé si
tard ? Pourquoi, après l'avoir occupé, ne s'y est-on pas
établi de façon à ne pouvoir en être délogé?

La prise d'Avron par les Allemands a été pour nous
non-seulement un grave échec militaire, mais encore
une grande défaite morale, que nos ennemis se hâtèrent
d'exploiter à leur profit, avec une grande habileté.

Le bombardement continuait avec vigueur ; les parcs
de Plessis-Lalande, de Cœuilly et de Trévise étaient
toujours sillonnés par les obus ; l'état des communications, plus difficiles que jamais, rendait l'approvi-
sionnement impossible ; un boucher et une boulangère
de Combault qui, depuis quelques semaines, venaient
nous ravitailler, cessèrent de nous apporter des vivres ;
l'on ne trouvait personne qui voulût consentir à en
aller chercher ; les Allemands ne nous donnaient plus
rien, et nous en étions réduits à nous nourrir de choux
et de pommes de terre, heureux quand nous en trou-
vions en quantité suffisante pour apaiser notre faim,
cependant bien modérée.

Le château, évacué depuis le 12 décembre, était ouvert à tous les maraudeurs du chemin, qui du matin
au soir le parcouraient du haut en bas, chacun emportant un objet quelconque ¡comme *souvenir de la
guerre;* les vingt-cinq cavaliers commandés par le
lieutenant Hiller occupaient toujours le bâtiment hydrothérapique, mais leur présence ne mettait aucun
obstacle au désordre et au pillage dont nous étions les
témoins impuissants.

Depuis le 30 novembre, M. d'Ellrichshausen nous pressait de partir, nous offrant maintenant, au nom du général d'Obernitz, un passe-port pour Bruxelles; mais nous nous attendions chaque jour à une nouvelle et vigoureuse sortie, et l'espoir de voir enfin les Français arriver jusqu'à nous nous retenait.

Le 22 décembre, à huit heures du matin, un officier pénétrait de vive force dans notre unique chambre, et, sans s'arrêter aux protestations de Mme Fleury qui s'habillait en ce moment :

— « *Madame*, dit-il, *il faut qu'à midi je puisse dispo-* » *ser de cette chambre, dont j'ai besoin pour y placer des* » *blessés.* »

— Mais, Monsieur, s'écria Mme Fleury avec indignation, ce que vous faites là est tout simplement une infamie! Quoi, c'est ainsi que vous tenez compte à M. Fleury des services qu'il a rendus à vos blessés; il y a quinze jours tous vos généraux, les plus hauts personnages de votre pays, le comte Taube, le prince de Saxe-Weimar le félicitaient de sa généreuse conduite et lui exprimaient des sentiments de reconnaissance; l'on ne parlait de rien moins que de lui élever une statue sur l'une des places de Stuttgardt; ici même, dans cette maison, est un de vos officiers supérieurs qui lui doit la vie, et aujourd'hui vous chassez le D<sup>r</sup> Fleury du misérable refuge où il abrite son corps affaibli et malade ! Où voulez-vous que nous allions? Errer dans les bois et les bruyères chargés de neige du parc !

— « *Madame, je suis désolé, mais j'obéis aux nécessités* » *de la guerre et j'en exerce les droits. Tout ce que je* » *peux faire, c'est de vous accorder jusqu'à six heures* » *pour évacuer cette chambre.* »

L'officier s'éloignait au galop de son cheval au mo-

ment où je rentrais; je trouvai Mme Fleury dans un violent accès de désepoir et de fureur. Je courus chez le
général Reitzenstein :

— « *Mon cher docteur,* me dit le général, *je vous*
» *maintiendrai dans votre chambre aujourd'hui et peut-*
» *être demain ; mais qu'arrivera-t-il après-demain ? Je*
» *l'ignore : qu'un nouveau combat s'engage ici, et mon*
» *intervention, mon autorité pourront-elles vous sauver ?*
» *J'en doute. Écoutez et suivez le conseil d'un homme qui,*
» *en ce moment, est non un ennemi, mais un ami. Partez*
» *demain matin ; je m'engage à vous faire délivrer un*
» *passe-port, et à vous faire conduire à Lagny.* »

Encore Lagny! Mais cette fois je ne devais pas m'y
arrêter, et le Dr Fichte ne pourrait pas s'emparer de
mon chalet !

Ma présence à Plessis-Lalande étant devenue entièrement inutile et sans objet, je ne me crus pas en droit
de compromettre plus longtemps la santé et la vie de
Mme Fleury, et je me décidai à suivre le conseil du
général Reitzenstein.

Du linge, des vêtements, des objets de première nécessité furent entassés, à la hâte, dans deux malles; le
soir même, l'on m'apporta un passe-port conçu en ces
termes :


« *Corps d'armée royal wurtembergeois.*


» Monsieur le Dr Fleury, directeur de l'Institut hy-
» drothérapique de Lalande près Villiers-sur-Marne, dé-
» sire se rendre en Belgique, accompagné de Mme Fleury
» et d'une femme de chambre.

» Le commandant soussigné, ne voyant à ce voyage
» aucun inconvénient, le présent passe-port a été dé-

» livré à M. le docteur Fleury pour lui servir en ce que
» de droit et besoin.

   » Quartier général Malnoue, le 19 décembre 1870.

             » Lieutenant-général,

               » Comte OBERNITZ. »

Ainsi mon passe-port *était signé depuis trois jours*, et il m'était accordé pour donner satisfaction au *désir* que j'avais d'aller en Belgique !

Le lendemain 23 décembre, à huit heures du matin, ma victoria, au timon de laquelle était attelé un seul cheval ; une charrette traînée par un cheval robuste, pour le transport des malles ; deux soldats devant servir de cocher, et un sous-officier, chargé de nous escorter et de veiller à notre sûreté, étaient à notre porte.

Je donnai mes dernières instructions à Mme Vinant et à M. Bolliet, instructions qui, dans l'état actuel des choses, se réduisirent pour ainsi dire à ces deux mots : *Courage et patience;* nous prîmes congé de M. et de Mme d'Egloffstein, qui nous exprimèrent avec cordialité des sentiments d'affection et de reconnaissance, et sans pouvoir adresser nos adieux ni au général d'Obernitz, ni au commandant d'Ellrichshausen, ni même à l'aimable comte Polliet, nous montâmes en voiture, incertains de notre sort, mais ne prévoyant point, dans toute leur étendue, les difficultés et les souffrances que nous allions rencontrer sur notre route !

La terre était couverte de neige ; le thermomètre marquait — 12 degrés ; un vent du nord glacial soufflait avec violence. De Plessis-Trévise à Combault nous avançâmes péniblement et au pas, sur une route nouvellement empierrée par les Allemands. Au-delà de Combault, fortement occupé par l'ennemi, la route

est envahie, à perte de vue, par une double rangée de
voitures marchant en sens contraire, et ce n'est qu'avec
les plus grandes difficultés que nous parvenons à passer
sur l'un des bas-côtés.

L'aspect de cette file non interrompue de véhicules
de toutes sortes est saisissant. De grands chariots allemands, à claire-voie, sont conduits par des Juifs à face
patibulaire ; des paysans français, réquisitionnés et
vêtus de blouses bleues, marchent à la tête de leurs
chevaux, attelés à des tombereaux, à des charrettes,
à des voitures de ferme ; d'autres voitures sont aux
mains de soldats de toutes armes.

Les convois sont escortés par une double rangée de
soldats marchant isolément à quelques mètres les uns
des autres, de chaque côté de la route.

Tous ces hommes, conducteurs et soldats, sont pâles,
hâves, exténués ; ils se traînent péniblement et se pro-
tégent contre le froid avec des couvertures de laine, des
lambeaux d'étoffes de toutes sortes, des coiffures aussi
bizarres que variées. L'on croit assister, non au ravitaillement d'une armée victorieuse, mais à la déroute
d'une armée vaincue par la guerre et par les éléments
conjurés. Telle a dû se montrer la retraite de Moscou.
Nous avons de la peine à comprendre que nous sommes
les fuyards et que ces gens-là sont nos vainqueurs !

Bientôt, malgré les efforts désespérés de notre jeune
et intelligent guide, la route devint absolument im-
praticable ; il fallut prendre à travers champs, sur un
sol dur comme de la pierre, coupé de profondes ornières
et de fossés ; nous errions pour ainsi dire au hasard,
traversant des villages inconnus complétement abandonnés, nous égarant, revenant sur nos pas pour
suivre les indications d'une sentinelle avancée ou d'un

traînard allemand perdu au milieu de ces solitudes. Dans les campagnes désertes, dans les habitations délaissées, pas un seul indigène, pas un seul Français ! partout la dévastation, la ruine, et de loin en loin un casque à pointe ou la baïonnette d'un fusil à aiguille.

Chère patrie bien-aimée ! c'est dans ces contrées, déjà si éloignées du théâtre de la guerre, que nous pûmes apprécier, dans toute leur étendue et dans toute leur horreur, les affreux malheurs qui te frappaient !

Abandonnés à nous-mêmes, que serions-nous devenus dans ce pays désolé ? Nous aurions été dévalisés, pillés, tués peut-être ; certainement nous serions morts de froid et de faim. Malgré l'intervention incessante et dévouée du jeune sous-officier, nous n'arrivâmes à Lagny qu'à trois heures, ayant mis sept heures pour faire un trajet qui habituellement n'exige qu'une heure et demie.

Ici, un spectacle plus affligeant encore s'offrit à nos regards. Pauvre petite ville ! saccagée, dévastée, pillée, ruinée, et cependant encombrée de blessés et de soldats allemands.

Nous étions transis de froid, et brisés par les horribles cahots de la voiture, dont les ressorts n'avaient résisté que par miracle à d'aussi rudes secousses.

Il fallait passer la nuit à Lagny ; nous y cherchâmes en vain un gîte quelconque ; pas une auberge, pas une chambre, pas un trou où nous puissions nous abriter. Et c'est à Lagny qu'avait voulu, avec tant de persévérance, nous envoyer mon cher confrère Fichte, dans l'intérêt de nos santés et de notre bien-être !

Les rues étaient tellement encombrées de chariots, que nous avions dû abandonner nos voitures ; nous errions au milieu de cette cohue de soldats hostiles, gros-

siers et narquois. Je pris le parti d'aller demander aide
et protection au maire, le respectable docteur Bonnet.
Cet excellent confrère nous reçut à bras ouverts, ainsi
que sa femme et sa sœur. « Impossible, me dit-il, de
» vous loger dans Lagny, mais ma maison vous est
» ouverte. J'héberge deux officiers bavarois, néanmoins
» je trouverai bien encore le moyen de vous caser. »
Et la sœur de M. Bonnet eut la bonté de nous céder sa
chambre, dans laquelle Mme Fleury put enfin prendre
quelques instants de repos.

Il s'agissait maintenant de retrouver ma voiture et
nos malles. L'un de mes anciens élèves, M. le docteur
Garnier, ayant appris mon arrivée, vint se mettre à
ma disposition avec un empressement et une affection
pour lesquels son vieux maître lui exprime ici sa profonde reconnaissance. Nous parcourûmes en vain les
rues de Lagny, et nous revenions fort découragés et
fort inquiets, lorsque l'on vint nous dire que notre
intelligent sous-officier nous attendait dans la cour de
M. le maire avec nos malles et ma voiture. J'offris
à ce jeune homme, d'une figure douce et d'une tour-
nure distinguée, une somme proportionnée aux services
qu'il nous avait rendus, mais il la refusa avec noblesse
et simplicité.

— «Non, monsieur le docteur, me dit-il, je ne puis ni
» ne veux recevoir d'argent de vous; mais je sais com-
» bien votre conduite a été grande et généreuse à l'é-
» gard de mes compatriotes, et si vous voulez bien me
» donner une poignée de main, je me considérerai
» comme amplement récompensé. »

Je tendis les deux mains à ce brave garçon, dont le
témoignage me fut cent fois plus précieux que toutes
les belles phrases de ses chefs.

A six heures, nous prîmes place à la table du docteur Bonnet; les deux officiers bavarois, le major Müller, de la landwehr, et son aide de camp se montrèrent affables et bienveillants pour nous. Le major se chargea de prendre des renseignements et de nous faire connaître par quelle route et par quels moyens nous pourrions gagner Bruxelles. Il vint nous dire, vers neuf heures, qu'il nous fallait passer par Nancy, Sarrebrücken et Luxembourg, et que, par faveur spéciale, il avait obtenu que l'on nous permît de prendre place dans un train de blessés (*Sanitœtszug*), devant partir de Lagny le lendemain [à deux heures de l'après-midi.

Le lendemain, 24, au matin, je me rendis à la commandature des étapes (*Commandantur des Etappen-Hauptort*), où je n'obtins de *visa* que pour Epernay. A une heure et demie, M. Bonnet nous conduisit au chemin de fer, mais notre déception fut grande en apprenant qu'aucun train de blessés ne devait partir d'ici à plusieurs jours.

— « Dût-il en partir un demain, me dit un officier
» qui se montra poli et complaisant, que je vous con-
» seillerais de choisir de préférence le train-poste qui,
» tous les jours, part de Lagny à cinq heures du ma-
» tin. Avec celui-ci, vous êtes sûr d'arriver à Nancy à
» heure fixe; avec l'autre, vous pouvez être obligé de
» coucher à Epernay et subir des retards considé-
» rables. »

Notre départ fut donc remis au lendemain. Le 25, à cinq heures moins un quart, nous nous présentâmes de nouveau au chemin de fer, mais l'administration allemande refusa de se charger de nos bagages, et nous prévint qu'elle ne garantissait pas les places. Je vous

» conseille, nous dit un employé du chemin de fer,
» d'être en gare dès quatre heures du matin. »

Pour la seconde fois il fallut retourner chez M. Bonnet, et changer nos dispositions. Je priai mon digne et
excellent confrère de garder chez lui, jusqu'à des temps
meilleurs, la voiture et les malles, et Mme Fleury em-
pila dans un petit panier en osier quelques objets de
première nécessité.

Le 26, à trois heures du matin, nous prîmes définitivement congé de la famille Bonnet, pénétrés de reconnaissance pour toutes les bontés dont elle nous avait com-
blés; à quatre heures nous étions à la gare, et nous nous
hâtâmes de monter dans un wagon avec notre panier
et deux sacs de nuit. Après une heure d'attente, rendue
très-pénible par le froid, le train se mit en marche à
cinq heures. Nous eûmes pour compagnons de route
un Prussien très-silencieux, et deux Anglais qui nous
exprimèrent de vives sympathies pour la France et
nous apprirent qu'ils visitaient les ambulances internationales, distribuant au nom de la grande et libre
Angleterre des vivres, du vin, de la charpie, du linge
à pansements, des instruments de chirurgie, etc.


A Epernay, les passe-ports ne furent pas demandés et
nous pûmes continuer notre voyage sans être inquiétés.
Après un trajet de treize heures, pendant lesquelles il
ne nous fut pas permis de descendre une minute de
notre wagon sous peine de perdre nos places, nous arrivâmes à Nancy à six heures du soir, glacés, brisés de
fatigue et mourant de faim.

Pendant ce long parcours, à l'exception de quelques
femmes vendant dans les grandes gares, du pain, du

vin ou du café, nous n'aperçûmes que *trois Français* !
Toutes les gares étaient occupées par des soldats allemands, tous les employés du chemin de fer étaient
Allemands, l'on ne voyait que des uniformes allemands, l'on n'entendait parler qu'allemand, à ce point
que Mme Fleury en vint à se demander si nous étions
en France ou en Allemagne !

Spectacle désolant, qui avait fini par nous plonger
dans un violent état de colère et de désespoir !

Nous descendîmes à l'hôtel de l'Europe ; quarante
Allemands remplissaient la table d'hôte et faisaient
retentir la vaste salle à manger de leurs cris et de leurs
rires bruyants. Assis dans un coin, à une table séparée,
nous ne pûmes supporter la gaieté exubérante de ces
sauvages occupant en maîtres notre belle France ! et
nous sortîmes ayant de la peine à retenir nos larmes.
Heureusement qu'avant de remonter dans notre chambre, nous rencontrâmes M. Marc, l'ex-directeur du
théâtre de Strasbourg, et sa charmante jeune femme,
fille de notre hôte. M. Marc nous donna des détails sur
le siége de la noble cité alsacienne et sur l'incendie de
sa belle salle de spectacle, et nous fûmes heureux de
serrer la main à ces *Français*, dans le cœur desquels
nous venions de trouver un écho aux sentiments qui
nous oppressaient.

Le 27 au matin, je fis quelques courses dans la
ville et je rencontrai un grand nombre de blessés ayant
appartenu à l'armée de Metz ; un même cri s'exhalait
de toutes les poitrines ; officiers, sous-officiers et soldats m'abordaient, me disant avec colère et indignation :
« *Nous avons été trahis par Bazaine !* »

Le jour même nous partîmes pour Saarbrücken. A un kilomètre de cette ville, un choc se fait sentir et le train s'arrête. Le *tender* venait de dérailler et de se placer en travers de la voie. Dix minutes plus tôt nous étions tous broyés. Il était neuf heures du soir, une épaisse couche de neige couvrait le sol et le froid était très-vif. Nous attendîmes pendant près d'une heure un train de secours, qui s'arrêta à une centaine de mètres de nous. Il fallut descendre de notre wagon et franchir cette distance à pied, enfonçant dans la neige jusqu'aux chevilles, et traînant nos sacs de nuit et notre panier. Arrivés à la gare, nous eûmes encore un long trajet à faire, dans les mêmes conditions, pour gagner une mauvaise auberge où l'on ne put nous offrir que des chambres sans feu et des lits impossibles. Mme Fleury contracta pendant cette cruelle nuit une nouvelle et grave bronchite.

Le 28, nous partîmes pour Luxembourg; à la frontière il fallut exhiber les passe-ports; le mien ne souleva aucune objection, et à trois heures nous étions arrivés à la dernière étape de notre voyage. Notre intention était de repartir dès le lendemain pour Bruxelles, mais nous fûmes retenus par de bons et anciens amis, qui s'efforcèrent de nous faire oublier nos douleurs passées et de nous distraire des graves et tristes préoccupations du présent et de l'avenir.

Qu'il me soit permis de leur témoigner ici notre éternelle reconnaissance.

Notre départ fut fixé au 8 janvier, mais nous n'avions pas encore épuisé la coupe d'amertume. Le 5, je fis une chute sur le genou gauche; la contusion devint la cause déterminante d'une cruelle attaque de goutte qui envahit les deux genoux et les deux pieds, et me cloua dans mon lit ou dans un fauteuil pendant plus de trois semaines, en proie à d'indicibles souffrances physiques. J'eus encore à subir les tortures morales que nous infligèrent la sortie si malheureuse de Montretout et le bombardement de Paris, dont nous suivions toutes les phases avec la plus douloureuse anxiété (1).

La capitulation de Paris, on le comprend, fit naître en nous les sentiments les plus violents et les plus contradictoires. Plus de sang ! plus de ruines ! mais aussi plus d'espoir ! le sacrifice est consommé !

Pauvre et héroïque Gambetta, quelle déception pour votre noble cœur ! Voilà donc à quel triste résultat ont abouti les efforts désespérés de votre ardent patriotisme ! Et pour prix de ces efforts accomplis aux dépens de votre santé, au péril de votre vie, vous recueillerez l'injustice et l'ingratitude de vos concitoyens et, peut-être, la condamnation de l'histoire ! Mais qu'importe ! vous avez pour vous le témoignage de votre conscience et les sympathies de tous les patriotes. C'est assez !

Bruxelles, février-mai 1871.

Rentrer à Paris devint notre idée fixe. Le 8 février je me traînai péniblement au chemin de fer et à trois heures nous étions à Bruxelles. Une rechute, survenue le lendemain, m'obligea à reprendre le lit.

Les horribles événements qui ont suivi le 18 mars n'ont pas été de nature à favoriser les lents et difficiles

---

(1) P. S. — Nous étions loin de prévoir alors, que ces jours si malheureux seraient suivis de jours beaucoup plus malheureux encore, lorsqu'au bombardement de Paris par les Prussiens aurait succédé le bombardement de Paris par des Français !

progrès de ma convalescence ; ce ne fut que le 19 mai
que je me trouvai en état de me diriger, enfin, sur Paris.

Nous allions donc revoir la France, mais dans
quel état ! La guerre étrangère nous avait tout ravi,
fors l'honneur ! Et maintenant une guerre fratricide
n'avait-elle pas noyé l'honneur lui-même dans des
flots de sang français versé par des mains françaises !

Il faut avoir résidé à l'étranger pendant ces temps
maudits pour savoir, pour comprendre ce que cette
guerre impie, se poursuivant sous les yeux d'un ennemi encore maître de la France, nous a fait perdre
dans la confiance, l'estime et les sympathies de
l'Europe !

Resté trop loin des événements pour avoir le droit
de les juger, je ne puis que les déplorer ; mais lorsque
l'impartiale histoire aura discerné le vrai du faux,
le juste de l'injuste, et pesé les droits et les devoirs
de chacun, elle flétrira, au nom de l'humanité, du
saint amour de la patrie, de la civilisation et de la
liberté, les hommes qui n'auront pas craint de faire
peser sur leur mémoire la responsabilité d'un aussi
monstrueux drame !

Nous pénétrâmes dans Paris et nous en sortîmes le
lendemain sans difficulté. Le 20 mai, à sept heures du
soir, nous étions de retour à Plessis-Lalande après cinq
mois d'exil et de tortures de toutes sortes ! Que s'y
était-il passé depuis notre départ ? Dans quel état al-
lions-nous le retrouver ? Qu'étaient devenus Mme Vinaut et M. Bolliet ?

# POST-SCRIPTUM.

Plessis-Lalande, juin.

Le 23 décembre, jour de notre départ, le château de Plessis-Lalande était occupé par 25 cavaliers commandés par le lieutenant Hiller et, comme nous l'avons dit, M. Bolliet s'installa dans notre chalet, où, avec une grande fermeté d'âme et un dévouement absolu à ma personne et aux intérêts de la maison, il passa bien des nuits à suivre la trajectoire des bombes qui continuaient à pleuvoir autour de lui.

Je ne sais pourquoi l'honnête et placide Bolliet avait eu, dès le début, le privilége de surexciter, d'une manière toute particulière, la méfiance des Allemands ; aussi dès le lendemain deux factionnaires placés, pendant la nuit, autour de son habitation, furent-ils chargés de le surveiller rigoureusement.

Le 10 ou le 12 janvier, M. Bolliet fut sommé de comparaître à Malnoue, où il subit un long interrogatoire portant principalement sur l'usage de trois sortes de tuyaux en fonte qui, pendant quatre mois, avaient été vus et observés librement par MM. de l'état-major.

D'une part, j'avais fait faire quelques travaux de drainage pour amener l'eau des prairies environnantes dans la pièce d'eau placée en avant du château ; d'autre part, une pompe mettait en communication cette pièce d'eau avec les communs pour les besoins domestiques ; enfin, pendant l'été de 1870, la compagnie générale des eaux de Paris, qui s'était chargée de fournir de l'eau de la Marne à Plessis-Trévise et à Villiers, avait commencé ses travaux et fait déposer, *sur le sol*, la plus grande partie des tuyaux nécessaires à son entreprise. Tous ces tuyaux étaient pour la plupart apparents ; leur destination sautait aux yeux, et ils n'avaient soulevé aucune difficulté, même à l'époque où l'on m'accusait de faire baisser volontairement le niveau des douves.

En janvier, messieurs de l'état-major prétendirent qu'à Chennevières l'on s'était servi des tuyaux de la compagnie pour établir des communications avec Sussy ; de là l'enquête dont nous parlons. Ce n'est qu'avec peine que M. Bolliet parvint à faire accepter la sincérité de ses explications.

Le lendemain de la prise d'Avron, le bruit se répandit que, pendant la nuit, le fil télégraphique avait été coupé dans Plessis-Trévise, et qu'un soldat y avait été tué.

Sur l'ordre du général d'Obernitz, trente hommes, commandés par un officier, se présentèrent à Plessis-Lalande pour y faire des perquisitions partout, *sans en excepter le chalet du D<sup>r</sup> Fleury*.

— « *M. Fleury avait deux fusils de chasse, où sont-ils ?* » dit l'officier en s'adressant à M. Bolliet.

— L'un a été retenu par le capitaine Dillen ; quant à l'autre, j'ignore où l'a mis M. Fleury.

— « Un fusil a été rendu au docteur par M. le colo-
» nel Von Loos, et il faut que cette arme nous soit
» livrée. »

— Je vous répète, Monsieur, que j'ignore où elle se
trouve.

— « Alors nous allons fouiller la maison. »

— Fouillez, Monsieur ; je n'ai pas le pouvoir de vous
en empêcher.

Et le chalet fut fouillé, sondé, bouleversé dans tous
les coins et recoins. Les meubles furent forcés ; mes
correspondances, mes papiers, mes manuscrits exa-
minés et dispersés sur le plancher ; l'on avait ordre
de rechercher les numéros du *Siècle* dans lesquels, en
août et septembre 1870, j'avais inséré divers arttcles
politiques, et l'on s'en saisit. De fusil ! point, et l'officier se retira furieux et menaçant.

En quittant Plessis-Lalande, les perquisitionneurs se
dirigèrent vers le cabaret du sieur Denicelle, tenu provisoirement, à ce moment, par un nommé Poultier.
Là, on trouva un vieux pantalon d'uniforme, Poultier
ayant été artilleur, un fusil de chasse et deux havre-
sacs allemands.

Grand émoi, grande colère. L'officier fit encore comparaître M. Bolliet.

— « Voici le fusil de M. Fleury et vous saviez qu'il
» était caché ici ! »

— Monsieur, ce fusil n'est pas celui du docteur.

— « Soit, mais vous saviez que ce fusil était caché
» et vous deviez le déclarer. Il y a ici un tas de *mauvais*
» *Français* (sic) qui enivrent nos soldats pour ensuite
» les battre, les voler, ou même les tuer, et vous êtes
» leur complice ! »

Bolliet protesta de son innocence, et obtint de ne

10.

pas être emmené avec les cinq ou six prisonniers que l'officier dirigea triomphalement vers Malnoue.

Trois jours après, M. le médecin-général Fichte se présenta au chalet, et, s'adressant à M. Bolliet :

— « Vous êtes encore ici, Monsieur ! Qu'est-ce que « vous y faites ? Le docteur est parti ? Pourquoi ? »

— Vous le savez mieux que personne, Monsieur, puisque c'est pour y placer l'un de vos blessés que l'on a expulsé le docteur de son dernier refuge.

— « Oui, il est parti ; où est-il ? *C'est bien drôle* » (sic).

Et après avoir inspecté la maison sous le prétexte d'y chercher des mèches et des verres de lampe :

— « Eh bien, que pensez-vous de la guerre ? »

— Je pense qu'il est horrible de voir une pareille effusion de sang !

— « Oui, beaucoup de sang, s'écria avec fureur » mon digne confrère ; *et souvenez-vous qu'une seule* » *goutte de sang allemand est infiniment plus précieuse* » *que tout le sang de cent de vos cochons de Français !* » (sic.)

Et ce petit-fils du maître de Schelling s'éloigna en sifflant.

Trois jours après, des officiers à cheval viennent encore sonner à la porte du chalet. M. Bolliet se présente.

— « Qui êtes-vous ? De quel droit êtes-vous ici ? »

— Je suis le représentant du docteur Fleury.

— « Pourquoi n'êtes-vous point parti avec lui ? »

— Parce qu'il a désiré que je restasse ici.

— « Comment vivez-vous ? »

— Je vis mal.

— « Où prenez-vous de la viande ? »

— J'en achète où je peux.

— « Vous n'avez pas peur ? — Non ! — Eh bien, adieu. »

Ici se place un fait caractéristique, qui complète l'histoire de la glace de Venise convoitée par M. de Langenbeck et qui, du même coup, justifie ce que j'ai avancé à l'endroit des immunités accordées à M. Roger.

Pendant le cours d'une seconde visite, faite dans le but d'obtenir le meuble à *prix réduit*, M. de Langenbeck dit brusquement au propriétaire :

— « Monsieur, je vois que vous êtes un homme de » goût, et je désire avoir votre avis sur quelques objets » qui se trouvent au château de Lalande, où je vous » prie de vouloir bien m'accompagner. »

— Monsieur, je ne comprends pas trop l'utilité de ma présence, néanmoins je suis prêt à vous suivre.

L'on arrive au château.

— « Monsieur, dit à son expert improvisé le fils du » premier chirurgien du roi de Prusse, ces vases sont- » ils en véritable porcelaine de Chine ?

— Incontestablement.

— « A qui appartiennent-ils ? A M. Roger ou bien à » M. Fleury ? »

— A M. Roger.

— « Vous en êtes bien sûr ? »

— Très-sûr.

— « *Ces meubles en chêne sculpté sont-ils anciens ou modernes ?* »

— Ils me paraissent être anciens.

— « *A qui sont-ils ?*

— A M. Roger.

— « *Vous en êtes sûr ?* »

— Oui, monsieur.

— « *Ces tapisseries sont-elles, en effet, des Gobelins ?* »

— Très-certainement.

— « *Et sont-elles encore à M. Roger ?* »

— Oui, monsieur.

— « Allons, s'écria M. de Langenbeck avec hu-
» meur, IL DISAIT VRAI : tout est à Roger. »

Tous ces objets sont encore à Plessis-Lalande ; s'ils eussent appartenu au docteur Fleury, *ils seraient à Berlin !*

Que les Allemands aient de vives sympathies pour un artiste éminent qu'ils ont pu et su apprécier, cela se conçoit parfaitement et fait honneur aux deux parties, mais que le fils de l'un des grands chirurgiens de l'Allemagne en ait agi de cette façon à l'égard d'un médecin français qui n'est pas sans quelque renommée dans le monde, c'est en vérité par trop..... *réquisition-nant !*

Qu'en pense mon honorable confrère, M. le baron de Langenbeck, premier chirurgien de S. M. l'Empe-reur-Roi ?

Qu'en pensent Jacoby et Liebig (1) ?

(1) *P. S.* Qu'en pense Wirchow lui-même ? Ne voit-il pas là une éclatante manifestation de cette manie germanique qui,

Qu'en pensent les mânes de Humboldt?

Horribles et tristes effets de la *civilisation* de M. de Bismarck !

Mon père, Français d'origine, de naissance et de cœur, était, malgré sa qualité d'*émigré,* un ardent patriote; il adorait la patrie qu'il avait été obligé de fuir, après avoir vu la tête de mon grand-père tomber sous le couteau révolutionnaire.

Ma mère, Alsacienne, mais d'origine germanique, était plutôt Allemande que Française. Les premiers mots que j'ai bégayés ont été des mots allemands. Ma nourrice était une belle et bonne Allemande qui, après m'avoir donné son lait, m'a prodigué les soins les plus tendres pendant plusieurs années. A Saint-Pétersbourg, où j'ai été élevé, la domesticité d'ordre supérieur est presque toute allemande ; j'ai donc appris à aimer les Allemands dès ma plus tendre enfance : adolescent, j'ai lu Lessing en même temps que La Fontaine, Schiller en même temps que Racine ; jeune homme, j'ai médité Goethe en même temps que Voltaire ; homme, enfin, je me suis initié de plus en plus à la philoso-

aux temps de Tacite, s'appelait *la manie du vol et du pillage,* et qui, aux temps de la civilisation de M. de Bismarck, s'appelle *la manie de la réquisition.* Eh bien ! à cette *manie allemande,* nous préférons la *manie française* que viennent de découvrir et de décrire MM. Starck et Wirchow, car celle-ci nous permet encore, après Woerth, après Gravelotte et même après Sedan, de nous écrier avec l'héroïque vaincu de Pavie : *Tout est perdu fors l'honneur!* tandis que nos grands vainqueurs de 1870, Frédéric-Guillaume, Bismarck et consorts, sont condamnés à inscrire sur leurs écussons cette devise, désormais indélébile : *Tout est gagné, sauf l'honneur !*

phie, aux sciences, à la littérature, aux arts de l'Allemagne ; j'ai adoré ses grands écrivains, ses libres et profonds penseurs, ses sublimes musiciens, ses peintres éminents, et j'ai conçu pour la nation allemande une vive sympathie et une haute estime !

Mes études professionnelles ont resserré ces liens. Les auteurs d'outre-Rhin ont fait mon éducation médicale autant que les auteurs français.

Devenu médecin, écrivain et professeur à mon tour, l'un des premiers et plus que personne, j'ai fait connaître, propagé et vulgarisé les œuvres des savants allemands en France, où elles étaient presque inconnues il y a trente ans. C'est moi qui ai pris l'initiative de la souscription française pour le monument élevé à Weimar, à Schiller, Goethe et Wieland.

D'autre part, depuis bien des années tous les journaux scientifiques de l'Allemagne ont répété mon nom ; tous mes ouvrages ont été traduits en allemand ; j'ai vécu cinq années en Allemagne et j'y ai reçu l'accueil le plus flatteur et le plus cordial, notamment de la part des professeurs de Heidelberg et de Giessen ; j'ai frémi d'indignation et d'horreur en visitant les *ruines des bords du Rhin*, j'ai compris et partagé les sentiments que cette vue inspire aux Allemands, — et tout ceci n'était que l'expression personnelle d'une situation générale.

Les deux peuples s'unissaient de plus en plus par les liens réciproques de la sympathie, de l'estime et d'un commun effort vers le progrès ; astronomes, chimistes, physiciens, médecins, chirurgiens, philosophes, politiques, artistes, tous se donnaient la main.

Un vulgaire et ambitieux soldat apparaît sur la scène du monde, et tout est changé !

L'Allemagne, follement provoquée par un Souverain aux abois, retentit de récriminations, d'imprécations, de cris de haine et de vengeance proférés contre cette France qui, depuis cinquante ans, lui a été si sympathique et si hospitalière ; elle l'envahit avec un million d'hommes qui répandent partout le feu, le sang, le carnage, les ruines, le pillage, et des Allemands en arrivent à ne plus voir en moi qu'un *odieux Français* PATRIOTE, qu'il faut *réquisitionner à blanc*, c'est-à-dire voler, piller et ruiner, puisque l'on ne peut décemment le mettre à mort.

Et j'en arrive, moi-même, à prendre en haine et l'Allemagne et les Allemands ! Et je ne rêve plus qu'affreuses représailles !

Maudit sois-tu ! Juncker devenu, de par tes crimes, prince de Bismarck !

Maudit sois-tu ! au nom de la Liberté, du Droit et de la Justice !

Maudit sois-tu ! au nom de la fraternité humaine et de la solidarité des peuples!..

Mais non ! ne haïssons et ne maudissons personne.

Attendons et espérons, en plaçant notre confiance dans cette immortelle loi de la perfectibilité humaine qui, malgré tous les obstacles, toutes les péripéties, tous les arrêts apparents ou réels, n'en poursuit pas moins, à travers les siècles, sa marche triomphale, et n'apparaît jamais plus puissante et plus radieuse qu'à l'heure où elle semblait à jamais engloutie dans un cataclysme universel !

Le 12 février, c'est-à-dire quinze jours après la reddition de Paris, le commandant d'Ellrichshausen vint prévenir M. Bolliet que s'il ne se hâtait pas de partir sur l'heure, on allait venir l'arrêter pour le conduire à Nogent et l'envoyer en Allemagne.

M. Bolliet ne put obtenir aucune explication touchant les motifs de cette menace d'arrestation arbitraire inexplicable (1), et sur les conseils réitérés du commandant il se rendit à Paris.

Dès ce moment, mon pauvre chalet abandonné devint, comme tout le reste, la proie des *réquisitionneurs*.

Le lieutenant Hiller et ses vingt-cinq cavaliers avaient quitté le château le 15 janvier et y avaient été remplacés par sept ou huit malades, accompagnés d'infirmiers. Plessis-Lalande redevint une ambulance ; mais le 8 février il redevint un poste militaire, les malades ayant été transportés ailleurs, et remplacés par soixante-dix artilleurs placés sous le commandement d'un capitaine.

Le 15 février, le général d'Obernitz quitta Malnoue et vint s'établir à Villiers, dans la maison de M. Ozanne. Là, pour terminer comme il avait commencé, M. le comte Polliet, qui déjà de Malnoue avait fait *prendre* au château les objets qu'il y trouvait encore à sa convenance, continua à mettre en réquisition Plessis-Lalande, qu'il considérait comme une mine

(1) Il a su depuis que cette mesure avait été le résultat d'une délation faite au général d'Obernitz par la blanchisseuse du comte Polliet, laquelle avait attribué à M. Bolliet des propos hostiles aux Allemands.

*devant* être inépuisable. Et de fait, il prouva que, dans un établissement de cette importance et de cette étendue, quand il n'y a plus rien, il y a encore quelque chose !

Le 12 mars, Plessis-Lalande fut définitivement évacué par les Allemands, mais depuis le 23 décembre le temps n'avait pas été entièrement perdu pour tout le monde : l'on avait encore découvert *et volé*, au château, un grand nombre de choses; mais je dois à la vérité de déclarer, toutefois, que parmi tous ces vols il en est que je ne puis attribuer à nos ennemis; et c'est ici que j'ai pu constater combien étaient légitimes les craintes et les prévisions que j'avais exprimées dans le *Siècle* et dans ma Lettre à Gambetta.

Après l'investissement de Paris, parmi les hommes restés à Villiers et à Plessis-Trévise, il se trouvait certainement un certain nombre de citoyens honnêtes, n'ayant pas abandonné leur domicile, soit par imprévoyance, soit par l'espoir de sauvegarder leur propriété; mais le reste, il faut avoir le courage de le reconnaître, était resté *par lâcheté ou par spéculation*.

Les spéculateurs, après avoir commencé par *donner* du vin aux soldats, par livrer les *cachettes* de leurs *bourgeois*, après avoir crié *vive la Prusse, à bas la France*, ne tardèrent pas à *vendre* du vin et des denrées alimentaires à des prix exorbitants, et ces misérables devinrent les maîtres du pays, pillant avec les Allemands, et repillant après eux.

Des personnes dignes de foi m'ont affirmé que plusieurs des vols commis à Plessis-Lalande, après notre départ, ont été perpétrés par ces infâmes *Français;* et

11

certaines circonstances m'obligent à le croire. Je pourrais même signaler des abus de confiance dont j'ai été victime et sur lesquels aucun doute ne m'est permis. Les choses en vinrent à ce point, m'a-t-on dit, que le commandant d'Ellrichshausen, qui en passant devant le château s'y arrêtait pour demander de mes nouvelles, déclara un jour que si ce scandaleux pillage continuait, il se chargerait d'y mettre un terme.

Gardons-nous cependant d'aller trop loin, et à cet égard il est des personnes qui, *à priori*, contre toute vraisemblance et contre toute vérité, se sont fait des convictions très-*singulières !*

Ainsi, parmi les propriétaires de Plessis-Trévise qui, ayant abandonné leur domicile dans les premiers jours de septembre et étant restés enfermés dans Paris pendant toute la durée du siége, n'ont pas vu les Allemands à l'œuvre, il en est beaucoup qui, *à priori* ou sur les délations de quelques misérables semant les soupçons sur autrui pour les détourner d'eux-mêmes, ne craignent pas d'affirmer que nos ennemis se sont montrés les plus honnêtes gens de la terre, et que presque tous les vols, et surtout celui du vin, ont été commis par des indigènes *avant l'occupation.* C'est là une calomnie et une regrettable erreur que détruit complétement l'exposé que nous avons tracé *de visu.*

Jetons un voile sur des turpitudes qui prouvent que tous les Allemands ne sont pas en Allemagne, et qui confirment une vérité connue, à savoir : qu'en tous pays il existe un certain nombre de voleurs et de misérables.

Quoi qu'il en soit, c'est le 20 mai qu'au milieu des ruines et des dévastations accumulées par l'ennemi, je suis venu replanter provisoirement le drapeau de l'hydrothérapie scientifique, incertain du sort réservé à la

France et à moi-même, mais ne prévoyant pas, dans toute leur étendue et leur horreur, les calamités qui peu de jours après allaient fondre sur Paris et épouvanter le monde.

Plessis-Lalande, 10 juin 1871.

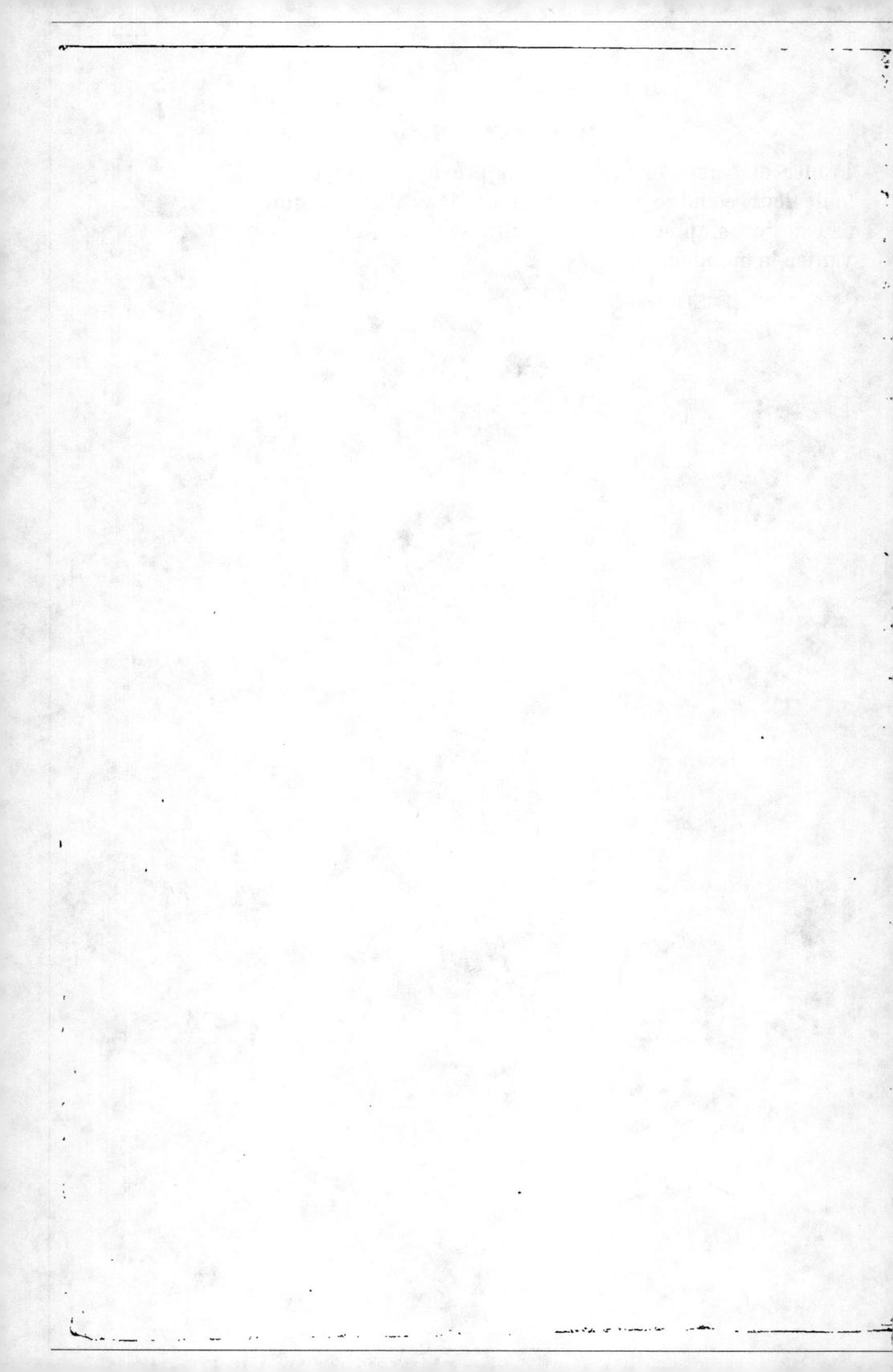

# CONCLUSIONS.

Bruxelles, février-mai 1871.

Nous venons de faire connaître, avec véracité et impartialité, l'un des épisodes de la guerre et de l'invasion subies par la France en 1870-1871 ; malgré les efforts que nous avons faits pour déduire, des événements locaux relatés dans ces pages, des considérations d'un ordre général, notre travail n'aurait cependant qu'une valeur bien restreinte, s'il ne devait pas nous être permis de rattacher l'épisode de Villiers et de Plessis-Lalande à l'ensemble des événements qui se sont produits, non-seulement en France, mais encore en Allemagne, et de mettre en relief, par une saine appréciation philosophique, les enseignements et les leçons que ces événements doivent imposer aux générations futures et à la sociologie.

Sans entrer dans des détails et des discussions qui dépasseraient de beaucoup et notre compétence et les limites de ce travail, nous nous proposons d'étudier dans autant de chapitres distincts :

1° Les causes et la responsabilité de la déclaration de guerre ;

2° Les causes et la responsabilité de nos désastres ;

3º Les conséquences actuelles et ultérieures de la guerre au point de vue de l'Allemagne;

4º Les conséquences actuelles et ultérieures de la guerre au point de vue de la France;

5º Les moyens que doit employer la France pour reconquérir, dans le plus bref délai possible, sa prépondérance économique, intellectuelle et morale, dont les éléments se trouvent dans l'étendue et la configuration de son territoire, son climat, ses aptitudes industrielles, et enfin dans le caractère naturel et traditionnel de sa population.

### Des causes et de la responsabilité de la déclaration de guerre.

Dès les affaires du Schleswig et du Danemarck, la guerre eût éclaté entre la France et la Prusse, si l'Europe et l'Angleterre en particulier eussent compris qu'il importait au repos du monde d'étouffer à leur origine les projets ambitieux de M. de Bismarck, et une politique qui, à ce moment déjà, ne craignait pas d'affirmer que *la force prime le droit*. Mais, après avoir permis au ministre prussien de fouler aux pieds les traités antérieurs, l'Europe lui permit encore de considérer comme une lettre morte le traité conclu par lui-même à Vienne, le 4 octobre 1864. A l'heure qu'il est, les populations du Schleswig du nord n'ont pas encore été appelées à déclarer si elles veulent être allemandes ou danoises.

Que s'est-il passé, à Biarritz, entre Napoléon III et M. de Bismarck? Nous l'ignorons, et nous doutons que jamais l'Histoire, elle-même, le sache d'une manière positive.

Quoi qu'il en soit, l'on se demande en vertu de quelle combinaison machiavélique Napoléon III, au lieu de se prononcer nettement, et dès le début, pour l'une ou l'autre des parties belligérantes, préféra garder une neutralité suspecte à toutes les deux.

Puisque la victoire de Sadowa avait fait passer à M. Rouher et à ses collègues une nuit de *patriotiques angoisses*, pourquoi une alliance offensive et défensive avec l'Autriche n'a-t-elle pas été conclue avec empressement? Pourquoi une politique anti-française, en ce qui concernait Rome et le pouvoir temporel du pape, a-t-elle permis à l'alliance prusso-italienne de se conclure?

Mais les prévisions de Napoléon III ont été déçues. L'Autriche est anéantie et la Vénétie est rendue à l'Italie.

M. Rouher va-t-il loyalement et noblement avouer le grave échec subi par la politique française? Non; il dissimule ses *angoisses*, et fait contre mauvaise fortune bon cœur. Il va plus loin; il laisse entrevoir que la victoire de Sadowa a été prévue et désirée par le gouvernement français, et il développe, à grand renfort de phrases aussi creuses que sonores, la théorie des deux tronçons, celle des grandes agglomérations, et à l'entendre, tout est pour le mieux dans le meilleur des mondes possibles.

Personne ne s'y trompa cependant; dès ce moment la guerre fut *prévue* par la Prusse comme par la France, comme par l'Europe tout entière. A-t-elle été *désirée?*

Par l'Europe; non.

Par la Prusse ; oui, parce que la Prusse se sentait
forte et prête, parce qu'elle était convaincue de son
immense supériorité militaire, parce que l'Allemagne
voulait sa revanche d'Iéna et jalousait notre puissance
et notre prospérité ; enfin, parce que M. de Bismarck
comprenait parfaitement que la guerre pouvait seule
lui fournir la possibilité de nous arracher l'Alsace et la
Lorraine allemandes, et de constituer l'Empire germanique.

Par la France ; NON. La France, entrée dans la grande
voie de la véritable civilisation, avait franchement
renoncé à la gloire militaire et aux guerres de con-
quêtes. Exclusivement occupée à développer sa puissance économique, sa grandeur intellectuelle et morale,
elle s'était montrée indifférente ou hostile à l'adjonction
de la Savoie et de Nice, et elle faisait bon marché des
frontières du Rhin.

Par Napoléon III ; *oui et non. Les frontières du Rhin*
étaient le cauchemar du règne. Napoléon *désirait* les
résultats d'une guerre victorieuse, mais il *craignait*
les revers d'une guerre malheureuse. Si dans le terrible
jeu des batailles il avait pu piper les dés, il n'aurait
pas hésité ; mais il avait affaire à plus fort que lui, et
la guerre d'Italie lui avait appris à se défier de son
*génie militaire.*

La négociation relative au Luxembourg fut un
ballon d'essai ; elle tourna contre le gouvernement
impérial en ce sens, que l'on ne put en faire sortir
une déclaration de guerre.                    .

Napoléon III, espérant encore en imposer à l'Europe,
proposa son fameux *Congrès*, mais son prestige était
irrévocablement perdu, et l'Europe lui répondit par un
dédaigneux sourire.

Après le désastre de Sedan, Napoléon III a osé déclarer, à la face du monde, que la guerre n'avait pas été dans ses désirs, et qu'en la déclarant il avait obéi à l'opinion, à la volonté, aux ordres de la nation française !

Les Allemands se sont emparés avec avidité de cette déclaration, pour retirer les paroles du roi de Prusse : « *Je fais la guerre à Napoléon III, et non à la noble et* » *grande nation française,* » avait dit Guillaume.

« *La déclaration de Napoléon III,* s'écrièrent les » Allemands, *démontre que c'est à la nation française que* » *nous devons faire la guerre, et non à l'empereur ;* » et alors, pour justifier *à priori* les iniquités et les atrocités qui allaient être commises à l'effet de consommer l'abaissement et la ruine de la France, l'on évoqua et Louis XIV et Napoléon I⁰ʳ, et la guerre du Palatinat et Iéna, et la haine séculaire des Français contre l'Allemagne, et les votes récents du Corps législatif, et le langage de la presse, etc., etc.

Or, la déclaration impériale était une contre-vérité ; les récriminations et les appréciations allemandes étaient un perfide et hypocrite prétexte.


Depuis 1848, depuis le renversement du système proclamé, à tort ou à raison, le *système de la paix à tout prix*, le chauvinisme français s'était calmé, et le pays tout entier voulait la paix. Louis-Napoléon le savait si bien que, pour faire accepter plus facilement son usurpation, il crut ne pouvoir mieux faire que de s'écrier à Bordeaux :

« L'EMPIRE C'EST LA PAIX ! »

11.

La guerre de Crimée fut subie comme une nécessité politique ; la guerre d'Italie fut acclamée, et considérée comme un devoir d'honneur ; mais la guerre funeste du Mexique fut universellement blâmée, et toutes les fois que le pays put faire entendre sa voix, il se prononça énergiquement pour la paix ; et l'empereur le savait encore si bien que, pour faire passer le plébiscite, il fit crier par tous ses séides :

« Le plébiscite c'est la paix ! »

Et cependant c'est en s'appuyant sur le plébiscite que Napoléon III crut pouvoir déclarer la guerre à la Prusse.

Et cette guerre, il ne la *désirait pas*, et il savait que le pays n'en *voulait* pas !

Sous quelle pression Napoléon III a-t-il donc pris cette grave et suprême détermination ?

*Sous la pression de ses propres fautes, et sous la pression de son entourage, dont les destinées étaient liées à celles de l'empire.*

C'est là un point qu'il importe d'établir nettement dès aujourd'hui, pour mettre les historiens futurs en garde contre les récits mensongers et les appréciations erronées qui ne manqueront pas de se produire ; mais à cet effet il nous faut remonter plus haut.

A un certain moment Napoléon III se crut condamné à une mort prochaine ; sa pensée se porta sur son fils, sur sa dynastie, et il comprit combien il serait difficile à son successeur et à la régente de maintenir intact un édifice que lui-même n'avait pu élever et soutenir que par un concours de circonstances sur le retour du-

quel il ne fallait pas compter. Il comprit qu'il fallait
asseoir le règne de Napoléon IV sur une base plus solide
que l'autorité tyrannique d'un seul homme entouré de
prétoriens et de courtisans. Il comprit que les temps de
la force brutale étaient passés. Il comprit, enfin, que
l'opinion publique, que l'assentiment populaire, que
les apparences, sinon la réalité, d'un gouvernement
constitutionnel et parlementaire pouvaient seuls donner à la dynastie napoléonienne la base inébranlable
qu'il convoitait pour elle.

De là, les décrets du 19 janvier.

Et M. Rouher, l'avocat de toutes les causes, le ministre complaisant, devint le champion de la liberté,
comme il avait été celui de la compression !

Pendant trois mois une tolérance, sans exemple depuis bien des années, laissa libre carrière aux écarts,
aux abus, aux excès de la presse, du droit de réunion,
de la discussion des hommes et des choses du gouvernement. La France ne s'en porta pas plus mal, et l'on
espéra qu'elle allait enfin s'habituer au régime viril et
sain sous lequel vivent et prospèrent l'Angleterre et la
Belgique.

Mais la santé impériale devint meilleure ; le danger
de mort s'éloigna ; l'esprit public dépassa les limites
prévues et voulues ; la *Lanterne,* le *Rappel,* le *Réveil*
firent naître la colère dans le cœur de l'impératrice et
la terreur dans celui des courtisans. Napoléon III fut
entouré, pressé, obsédé, et, avec sa faiblesse habituelle,
il céda.

M. Rouher aurait volontiers consenti à redevenir le
champion de la compression, mais la dernière heure de
l'empire était arrivée, et elle devait être sonnée par le
renégat, par l'ambitieux aussi plat que vulgaire, qui

fut tout à la fois le mauvais génie de Napoléon III et celui de la France. Ollivier, au *cœur léger*, intervint, affublé de la *bénédiction de son père* et protégé par une mémoire vouée au mépris public : celle de Morny.

Ce fut au nom et dans l'intérêt de la liberté que cet homme prétendit restaurer la tyrannie. Mais, au lieu d'inspirer la crainte, il provoqua l'indignation ; au lieu d'apaiser, il surexcita la résistance ; au lieu de contenir, il poussa aux extrêmes. A quelque parti qu'ils se rattachassent, les honnêtes gens devaient à leur honneur de repousser tout lien, toute solidarité avec un homme dont le nom signifiait honte, bassesse et trahison.

Malgré les procès, les amendes et les emprisonnements ; malgré les condamnations systématiques d'une magistrature corrompue ou aveuglée, l'opposition devint plus violente et plus audacieuse que jamais. Le meurtre, resté impuni, de Victor Noir mit le comble à l'exaspération populaire, à ce point que Rochefort crut devoir prendre le rôle de modérateur !

L'opinion publique, pendant trop longtemps comprimée, réduite au mutisme et à l'impuissance, se réveilla avec une ardeur et une volonté désormais incoercibles, résolue à porter le flambeau de l'examen et de la critique dans toutes les cavernes où s'abritaient, depuis dix-huit ans, les corrompus, les vendus, les sinécuristes, les traîtres, les lâches inféodés à un homme qui était arrivé au pouvoir suprême, et s'y était maintenu par la corruption, par la surexcitation des intérêts personnels et matériels, par la dégradation des caractères, par l'anéantissement du patriotisme ; en un mot par le développement des plus basses passions de l'humanité.

L'empire s'ébranlait jusque dans ses fondements ;

l'armée, déjà humiliée par la retraite du Mexique, froissée par la victoire de Sadowa, ruinée par la démoralisation et l'indiscipline, se désaffectionnait; les décrets du 19 janvier, présentés comme le *couronnement de l'édifice* — ce couronnement tant promis et si longtemps attendu — devenaient un bélier menaçant, destiné à saper le monument jusque dans sa base.

Déjà des investigations rétrospectives menaçaient de soumettre à un examen minutieux les affaires du Mexique et de demander un compte sévère : à Napoléon III, de la vie du malheureux archiduc autrichien et de la raison de l'infortunée princesse belge; au gouvernement, des sommes énormes dépensées et *dissimulées* par des virements, par des subterfuges budgétaires de toutes sortes.

Déjà l'on se préoccupait des irrégularités, des soustractions, des malversations de l'administration de la guerre.

Tous les méfaits de l'empire allaient être mis à nu, et c'est alors que la guerre apparut comme le seul moyen de diversion efficace et possible; et c'est alors que la guerre fut *exigée* par l'impératrice, par les courtisans, par la Cour; et c'est alors que la guerre s'imposa si impérieusement à l'empire et à ses partisans, que des hommes à qui l'on accordait encore une certaine estime, que le maréchal Lebœuf, que le duc de Gramont s'abaissèrent jusqu'au mensonge, pour pousser la nation à une guerre que l'un savait être injuste, et dont l'issue fatale devait être prévue par l'autre !

*La guerre fut donc décidée par Napoléon III, sous la pression de ses fautes, de l'impératrice et de la Cour, exclusivement dans les intérêts du trône impérial et de la dynastie napoléonienne !*

Mais il ne suffisait pas de décider la guerre; il fallait la déclarer, et de nos jours l'on ne déclare plus la guerre sans un motif sinon légitime, du moins spécieux.

Impossible de faire revivre l'affaire du Danemarck et du Schleswig; l'on avait essayé de prendre texte des infractions au traité de Prague audacieusement perpétrées par M. de Bismarck, mais l'Autriche avait fait la sourde oreille; la tentative du Luxembourg avait misérablement avorté.

La candidature Hohenzollern vint, fort à propos, offrir à Napoléon III un prétexte qui fut immédiatement saisi.

Des questions importantes et décisives se présentent ici.

L'avénement du prince de Hohenzollern au trône d'Espagne eût-il été pour la France un motif légitime de déclarer la guerre?

A qui et à quoi fallait-il attribuer, imputer la candidature du prince de Hohenzollern?

Le roi de Prusse était-il intervenu dans la négociation? Était-on en droit de faire peser sur lui une responsabilité quelconque? Était-on en droit d'exiger de lui, en vue des éventualités de l'avenir, un engagement, une promesse, une déclaration officielle, ou même la plus minime des manifestations personnelles?

Nous n'examinerons pas si la France aurait dû faire un *casus belli* de l'avénement du prince de Hohenzollern au trône d'Espagne. C'est là une question de haute politique qui peut être très-diversement appréciée par des hommes également éclairés et impartiaux. En ce qui nous concerne, nous répondrions par la négative, mais nous admettons que le gouvernement impérial ait pu et dû en juger autrement, mais l'événement ne s'étant point réalisé, nous n'avons pas à discuter une hypothèse.

Malgré les dénégations les plus accentuées et les plus solennelles, tout le monde sait que, depuis la chute d'Isabelle, le gouvernement français et Napoléon III en personne ne cessèrent d'intervenir dans les affaires intérieures de l'Espagne. (Voyez *Deux Empereurs*, par Albert Wolff. Paris, 1871, 112 et suiv.) L'établissement d'une République fut combattue à outrance ; la royauté du duc de Montpensier rencontra l'opposition d'un ennemi qui doit la vie à la clémence du roi Louis-Philippe. Toutes les sympathies, toutes les préférences étaient pour le prince des Asturies, et l'amant de la Bellanger rendait de publics respects à la Messaline de l'Espagne, à la maîtresse du Marfori.

C'est dans ces circonstances que Prim produisit la candidature Hohenzollern ; soit que le maréchal, pressé d'en finir avec une situation de plus en plus difficile, l'ait posée naïvement et sans en prévoir les conséquences ; soit qu'il ait voulu se venger de Napoléon III en lui suscitant de graves embarras politiques ; soit enfin, comme d'aucuns le prétendent, qu'il n'ait été qu'un complaisant comparse, chargé de fournir au gouvernement français le prétexte dont celui-ci avait besoin pour substituer à une ignoble comédie un drame sanglant.

Dans tous les cas, il est manifeste que la candidature Hohenzollern a été l'œuvre, directe ou indirecte, de Napoléon III, et que c'est à lui que doit en incomber toute la responsabilité.

La candidature s'affirme. Que va faire le gouvernement français ? Il va demander des explications à Prim et présenter ses objections au prince ?

Non ! contre tous les usages de la diplomatie, contre toutes les convenances, contre tous les droits et les devoirs internationaux, le gouvernement français s'adresse au roi de Prusse et porte d'emblée la question au Corps législatif, en s'exprimant dans des termes tels, qu'il devient évident pour tout le monde que Napoléon III a résolu d'envenimer les choses et d'en faire sortir la guerre ! .

Une grande inquiétude s'empara de la Chambre et du pays tout entier. L'opposition protesta énergiquement contre la marche imprimée aux négociations ; elle réclama des renseignements plus précis, elle demanda la communication des pièces officielles.

Le roi de Prusse répondit qu'il était absolument étranger à la candidature du prince de Hohenzollern ; qu'il ne l'avait ni suscitée, ni encouragée, et que, par conséquent, il n'avait pas à intervenir ; que le prince était entièrement maître de ses actions, et que d'ailleurs il était plus proche parent de l'empereur des français que du roi de Prusse.

Ces déclarations étaient péremptoires et mettaient évidemment le roi de Prusse hors de cause.

D'autre part, *le prince de Hohenzollern* SE DÉSISTA, donnant ainsi à la difficulté une solution aussi satisfaisante que complète et définitive.

Une immense acclamation de joie retentit dans toute la France ! Le fantôme de la guerre s'était évanoui ! La paix, tant aimée, tant désirée, si nécessaire à la prospérité de la France, ne serait pas troublée ! Tout était terminé à la satisfaction et à l'honneur de notre pays.

Nous avions obtenu une grande victoire morale. L'on avait tenu compte des susceptibilités de la France, *et le prince de Hohenzollern* SE DÉSISTAIT !!

Les préfets avaient été consultés sur l'état de l'opinion publique en province. *Vingt-six* seulement répondirent que la guerre serait populaire dans leurs départements. Mais, en tenant compte des restrictions exprimées par quelques-uns, du langage vague et embarrassé de quelques autres, en défalquant les timides, les lâches, les complaisants, les intéressés, l'on pouvait proclamer hardiment que la France tout entière voulait la paix.

La partie était donc encore une fois perdue pour Napoléon III?

Non ! — Et c'est ici qu'apparut dans tout son jour le parti-pris, étayé sur l'iniquité et le mensonge.

« Le prince de Hohenzollern se désiste, s'écria-t-on, » c'est bien ; mais qui nous assure que dans un mois, » dans six mois, dans un an, dans dix ans, il ne re- » produira pas sa candidature? *Il nous faut des garan-* » *ties,* et nous allons en exiger » :

De qui? Du prince de Hohenzollern évidemment.

Non ; du roi de Prusse !

Et l'on a l'audace de demander au roi Guillaume de s'engager, par écrit, à ce que la candidature du prince de Hohenzollern ne soit jamais reproduite !!

Le roi de Prusse répondit par un refus très-naturel, très-légitime *et très-prévu !*

Et ce refus lui-même n'est pas encore un motif suffisant pour déclarer la guerre ! Mais la voie est tracée. L'on insistera, l'on impatientera le roi de Prusse, et l'on arrivera à provoquer — ou à inventer — un mot, un geste compromettant l'honneur de la France.

Et en effet, M. de Gramont vient déclarer à la Chambre que le roi Guillaume a insulté Napoléon III dans la personne de son ambassadeur, M. Benedetti, et insulté la France dans la personne de son empereur.

« *Aux armes !* » s'écrient les députés officiels. « *Aux armes !* » s'écrient à leur tour les sénateurs à trente mille francs. « *Aux armes !* » vocifère le chœur des stipendiés de tout rang et de toutes classes. Et des mouchards, des agents provocateurs parcourent les rues de Paris en beuglant : « *A Berlin ! à Berlin !* »


Cependant l'opposition, M. Thiers en tête, proteste encore. Elle demande que l'insulte soit établie, prouvée. Elle demande que lecture soit faite à la tribune des dépêches de M. Benedetti.

Et alors les braves du *Pays*, du *Figaro*, du *Gaulois*, du *Paris-Journal*, insultent les députés de l'opposition, et M. Thiers en particulier. « Vous êtes de mauvais » patriotes ; vous foulez aux pieds l'honneur de » la France ; vous le sacrifiez à vos passions politiques. » *Aux armes ! A Berlin !* etc., etc. »

Mais la Chambre s'émeut de la grave responsabilité qui va peser sur elle. Les ventrus eux-mêmes demandent la communication des pièces officielles. — « Vous allez être satisfaits ! » s'écrie M. de Gramont, et alors l'on communique, sous le sceau du secret, à une commission composée d'affidés, des pièces que le public n'a jamais connues, mais dont le caractère apocryphe est aujourd'hui parfaitement établi et avoué par M. Benedetti lui-même.

*Alea jacta est!* — La guerre est déclarée et il ne reste plus à tout Français qu'un seul devoir à remplir : celui de faire des vœux et de payer de sa personne pour le succès des armes de la France !

Et c'est ainsi qu'en déclarant la guerre à la Prusse, Napoléon III n'a fait qu'obéir à la volonté du peuple français !

Le monde entier fut indigné. Toutes les sympathies, tous les vœux furent pour la Prusse. La conscience publique, révoltée par l'injustice de l'agression et par la bassesse des moyens employés pour la justifier, se prononça hautement contre nous.

# DES CAUSES ET DE LA RESPONSABILITÉ DE NOS DÉSASTRES.

Ici se présente une question préalable. Le gouvernement français connaissait-il les forces de l'ennemi avec lequel il entrait en lutte ?

« Il *devait* les connaître, pourrait-on répondre *à priori*, car il eût été par trop insensé de s'engager dans une guerre, sans connaître la puissance de son adversaire. » Mais nous savons qu'il les connaissait, et nous pouvons l'affirmer, car les preuves en sont publiques.

Le colonel Stoffel, dans des rapports aujourdhui connus de tout le monde, avait étudié et exposé, dans tous ses détails, l'organisation militaire de la Prusse, et il en avait signalé l'immense supériorité.

Notre ami M. Vilbort, dans ses articles du *Siècle*, dans le livre remarquable qui a eu un si grand retentissement : l'*Œuvre de M. de Bismarck*, avait calculé avec la plus scrupuleuse exactitude l'effectif de l'armée allemande ; à maintes reprises, il en a reproduit les chiffres, et il a multiplié les avertissements au gouvernement français.

Voilà en ce qui concerne la quantité. La qualité de l'armée allemande était non moins connue. Le colonel Stoffel et M. Vilbort avaient mis en lumière la supériorité de l'état-major, la solidité des soldats, l'extrême rapidité de leurs marches et de leurs mouvements tournants ou de concentration, la sûreté de leur tir, leur soumission à la discipline, etc.

L'artillerie allemande a été l'un des principaux instruments de nos défaites, tant par le nombre que par la qualité de ses canons.

Le nombre avait été rigoureusement évalué, mais la qualité a été déplorablement méconnue par Napoléon III, par ses ministres de la guerre et par son comité d'artillerie.

En 1863, nous étions à Bruxelles en fréquentes et cordiales relations avec M. le lieutenant général baron Chazal, alors ministre de la guerre ; un soir nous parlions au général de certaines expériences d'artillerie auxquelles nous avions assisté la veille, et nous lui disions combien nous avions été frappé de la portée et de la justesse du tir des canons belges. « Elles sont remarquables, en effet, nous répondit-il, » et tous les jours je me félicite d'avoir doté la » Belgique de canons Krupp. » Et nous montrant des petits modèles réunis dans son cabinet, il nous fit comprendre les avantages de ces redoutables engins de destruction, encore perfectionnés par le colonel belge de Brialmont.

Comment peut-il se faire, demandâmes-nous, que la France n'ait pas adopté ce système dont la supériorité est évidente ?

— « Beaucoup de tentatives ont été faites dans ce but, » et moi-même j'ai fait ce que j'ai pu, nous répondit » le général, mais vous savez bien qu'en France l'on » repousse systématiquement toute invention étran-

» gère, toute découverte qui n'émane point d'un co-
» mité officiel ou, tout au moins, d'un personnage
» bien en cour ! »

Nous tenons de bonne source le fait suivant :

A une époque peu éloignée de nous, le général Lebrun fit une tournée militaire en Belgique ; il visita le camp de Beverloo, où le général belge Renard attira son attention toute particulière sur les canons Krupp, lui exprimant son étonnement de voir que la France persistait à ne pas renoncer à un vieux système, qui la plaçait en grand état d'infériorité vis-à-vis de l'Allemagne.

Le général Lebrun ne fit aucune difficulté pour reconnaître l'excellence des canons Krupp, mais il ajouta en souriant et d'un air mystérieux : « *Cependant nous avons mieux que cela !* »

L'année suivante, le général Rénard fut invité au camp de Châlons. Il y fut reçu par le général Lebrun, dont les premières paroles furent les suivantes :

« Mon cher général, permettez-moi de vous donner
» un conseil. Ne parlez pas artillerie avec l'empereur,
» ou, du moins, ne cherchez pas à lui démontrer la su-
» périorité des canons Krupp. Vous ne le convaincriez
» pas, et vous l'indisposeriez. »

Le général Renard se le tint pour dit.

Et en effet, Napoléon III, qui se croyait le premier artilleur du monde, ne voulut entendre à rien et ne tint aucun compte des enseignements de la campagne d'Autriche ; il se persuada qu'avec ses petits canons rayés et ses fameuses mitrailleuses, il aurait facilement raison de l'artillerie prussienne. L'événement n'a que trop prouvé combien profonde était son erreur.

Les deux causes principales de nos défaites sont manifestement le *chiffre de notre effectif* et l'*infériorité de notre artillerie*.

Il est avéré, aujourd'hui, que l'armée française, disséminée sur une énorme ligne depuis Thionville jusqu'à Belfort, ne comptait que 280,000 combattants, au lieu des 600,000 annoncés.

Malgré l'exiguïté de ce chiffre, les chances de la guerre auraient pu être profondément modifiées *si l'on s'était porté de suite et en masse sur la Bavière, le Wurtemberg ou le grand-duché de Bade.* L'Allemagne ne s'attendait pas à une déclaration de guerre si prompte, et *elle n'était point prête pour une entrée en campagne immédiate.* La veille encore, de nombreux officiers obtenaient, sans difficulté, des congés.

M. de Bismarck dit à ses agents : « Faites traîner les choses en longueur ; » je ne suis pas prêt ; il me faut vingt jours. » Vingt jours ! c'était peu ; mais, en raison de l'admirable organisation militaire allemande, M. de Moltke savait que ce délai si court suffirait. L'on désespéra de l'obtenir, lorsque l'on vit l'armée française sur la frontière, et à ce moment l'invasion du territoire allemand fut jugée imminente et certaine, à ce point, *que les hauts personnages du Wurtemberg se hâtèrent d'envoyer à Genève leur argenterie, leurs tableaux, leurs valeurs, leurs objets précieux,* etc. Le fait m'a été affirmé par des officiers supérieurs wurtembergeois qui, eux-mêmes, avaient pris cette précaution.

Pourquoi l'armée française est-elle restée l'arme au pied et inactive pendant si longtemps ? Nous le dirons plus loin ; ici, nous nous bornons à constater que le général de Moltke obtint, contre son attente, les vingt jours dont il avait besoin ; il en profita pour *masser* ses troupes, selon sa tactique habituelle, tactique qui lui avait valu de si beaux succès en Autriche, et sur laquelle M. Vilbort avait particulièrement insisté.

Que se passait-il de notre côté?

« Le maréchal de Mac-Mahon, dit le général de Failly, » méditait, pour le 7 août, un mouvement en avant » avec le concours du 5° corps, qu'il destinait à opérer » sur le flanc de l'ennemi, mais le 6, l'attaque *impré-* » *vue* de Frœschwiller fit avorter le plan du maré- » chal en *le forçant* à combattre sur l'heure. » (*Opérations et marches du* 5e *corps*, page 13.)

Ainsi, dès le début de la campagne, l'un des principaux généraux français est *forcé* de combattre à l'*improviste*, et à l'encontre du plan qu'il avait conçu! Et dans quelles conditions est-il *forcé* de combattre?

N'ayant pu rallier le 5e corps commandé par de Failly, et ne pouvant opposer que 35,000 hommes à 140,000 ennemis! (De Failly, *loc. cit.*, pages 13-21.)

Il en fut de même pendant toute la durée de la guerre. Le 4 août, à Wissembourg, une seule division, celle du général Douay, fut *surprise* et écrasée par 80,000 hommes et 100 canons. Le 6 août, à Sarrebrücken, Frossard eut 120,000 hommes à combattre. A Sedan, notre armée fut *cernée* et enveloppée de toutes parts par des canons.

« A Floing, la lutte s'engagea entre les batteries » françaises et prussiennes par une violente canon- » nade, et l'on peut dire que toute l'action se passa en » combat d'artillerie. Pendant cinq heures nos canon- » niers, admirables de sang-froid et de constance, » firent des efforts héroïques pour démonter les pièces

12

» de l'ennemi ; mais celui-ci, mettant à profit *l'avan-*
» *tage du nombre, de la portée et du calibre* de ses
» canons, se tenait invariablement à *une distance que*
» *nous atteignions à peine*, tandis que la grêle des pro-
» jectiles allemands *tombait au milieu de nos batteries*
» *avec une précision remarquable*, brisant nos affûts,
» emportant nos caissons dans les airs, sans qu'il fût
» possible d'arrêter ses ravages. Aussi, vers la fin de
» la journée, quelle profonde amertume se reflétait sur
» les traits de nos officiers d'artillerie ! » (*Des causes*
*qui ont amené les désastres de l'armée française dans la*
*campagne de 1870. Bruxelles, 1871,* page 18.)

« La Prusse, dit l'auteur de cette brochure fort bien
» faite, a inauguré un système tout nouveau de faire
» la guerre, qui consiste à mettre en présence toutes
» les forces réunies de deux nations, de telle sorte que
» l'armée victorieuse voit dans une seule bataille le
» pays ennemi tout entier livré à sa discrétion. En
» conséquence, le roi de Prusse avait envahi la France
» à la tête de plus de 500,000 hommes, et, malgré tous
» nos efforts, nous n'avons jamais pu lui en opposer
» plus de 250,000. Sa tactique a toujours été de ne
» nous aborder dans toutes nos rencontres qu'avec
» une force double ou triple de la nôtre. En outre, il
» était servi par une artillerie supérieure par le
» nombre et la puissance de ses canons. » (*Ibidem,*
ages 99-100.)

En ce qui concerne l'infériorité de notre effectif, il a
été articulé un argument que notre impartialité nous
ait un devoir de reproduire.

L'on dit : « Lorsque la loi sur la réorganisation mi-

» litaire de la France a été proposée, l'opposition,
» dans la Chambre et dans la presse, au lieu de l'ac-
» cueillir avec empressement et d'en prendre texte
» pour exalter le patriotisme français, la combattit
» avec acharnement, d'une part, par un esprit de ré-
» sistance systématique à toute mesure mise en avant
» par le gouvernement, et, d'autre part, en vue d'une
» popularité de mauvais aloi. L'opinion publique se
» laissa entraîner, et voilà pourquoi l'effectif français
» ne put pas être élevé au niveau de l'effectif alle-
» mand. »

L'argument n'est que trop juste, et, à l'époque à laquelle il se rapporte, nous avons protesté de toutes nos
forces contre l'aberration anti-patriotique de l'opposition.

« Le maréchal Niel, ajoute-t-on, n'a même pas pu
» mettre en exécution la loi sur la garde nationale
» mobile. »

C'est encore vrai ; mais ici le maréchal Niel s'est
abstenu, parce que les mobiles, au lieu de crier vive
l'empereur, chantaient la Marseillaise!

C'est parce que l'empire ne pouvait pas compter sur
les sympathies des populations, qu'il a dégarni les
grandes villes de fusils de munition, accumulant à
Strasbourg, à Metz et dans d'autres places fortes, des
armes qu'il voulait soustraire aux mains des citoyens
et qui, dès lors, sont tombées à celles de l'ennemi.

C'est parce que l'on se méfiait de la population de
Paris que le maréchal de Mac-Mahon, au lieu de marcher
sur Paris, comme il le voulait et comme le voulaient
tous les hommes sensés, a été *forcé* par l'impératrice,
par le ministre de la guerre, par le conseil des ministres et par le conseil privé, de se diriger sur Sedan!

C'est pour essayer de sauver la dynastie que l'on a perdu la France !

Mais ces méfiances, ces appréhensions, ces impossibilités politiques ne sont-elles pas pour le gouvernement impérial la plus écrasante des condamnations ? Ne prouvent-elles point que les sept millions de *oui* accordés au plébiscite n'ont pas été l'expression de l'amour de la nation pour l'empereur, mais celle de son amour pour la paix, et de la terreur que lui inspirait un changement de gouvernement pouvant entraîner du désordre et la guerre civile ?

Et c'est dans ces conditions d'infériorité militaire et d'instabilité politique que Napoléon III provoque la Prusse ! N'est-ce pas la preuve péremptoire que la guerre n'a été qu'un va-tout politique, où l'on risquait la France pour sauver le trône et la dynastie ?

Quoi qu'il en soit, l'extrême infériorité de notre effectif est aujourd'hui un fait avéré. Sur qui doit en peser la responsabilité ?

« *J'ai été trompé!* » s'est écrié Napoléon III, désireux de détourner de sa tête la condamnation de la France et de l'histoire.

*Trompé!* Mais un souverain qui, dans des circonstances pareilles, peut être trompé, de quel nom faut-il l'appeler ?

*Trompé!* Par qui? Évidemment par le ministre de la guerre, *qui ne* POUVAIT *pas ignorer l'état réel des choses.*

Où donc est M. le maréchal Lebœuf? A-t-il été traduit devant un conseil de guerre? A-t-il été fusillé? — Non.

A l'exemple du maréchal Bazaine, le maréchal Lebœuf publiera prochainement sa justification, et ces deux maréchaux nous démontreront, clair comme le jour, que nos désastres ne doivent être imputés qu'à la Providence.

Et le général de Failly confirme la démonstration : « Le malheur s'est appesanti sur nous, dit-il ; le pays » tout entier a vainement lutté contre ce fatal décret » de la Providence! »

La Providence! Si elle n'existait pas, il faudrait l'inventer pour la plus grande gloire des incapables, des lâches et des traîtres !

La troisième grande cause de nos désastres a été *l'incapacité, la négligence, l'incurie de l'administration de la guerre et de l'intendance.*

« L'organisation générale, dit M. de Failly, n'a pas » été à la hauteur de l'œuvre entreprise. »

Non-seulement elle n'a pas été à la hauteur voulue, mais elle a été d'une faiblesse, d'une insuffisance incompréhensibles ! Il faut ici accumuler les témoignages et les documents officiels.

« Tel général ne trouvait pas ses brigades, tel colo- » nel son régiment. On ne savait où les provisions » étaient passées ; on cherchait en vain les munitions ; » les caisses de l'armée étaient vides ; l'état-major, » très-brillant il est vrai, n'avait pas une carte des » frontières de France. Certains détachements qui » rejoignaient l'armée arrivaient sans cartouches et » sans objets de campement. » (Emile Leclercq, *Le second empire français, de la prison de Ham aux jardins de Wilhelmshœhe.* Bruxelles, 1871, page 178.)

Bitche se trouvait sans troupes. Les douaniers des
environs, un bataillon d'infanterie et des artilleurs
comme instructeurs furent désignés, avec un capitaine
d'artillerie, pour former la garnison du fort. (De Failly,
*loc. cit.*, page 17.)

Le 6ᵉ corps de l'armée du Rhin n'était pas complète-
ment constitué en artillerie, génie, cavalerie ni même
en infanterie; une de ses divisions n'avait même qu'un
seul régiment (Bazaine).

La brigade Lapasset ne rejoignit jamais le 5ᵉ corps
de Failly).

« La ville de Metz avait besoin de la présence de
» l'armée pour *terminer les forts*, leur *armement, les*
» *défenses extérieures du corps de la place*, et il fut
» reconnu que celle-ci *ne pouvait tenir plus de quinze*
» *jours, sans la protection de l'armée*. Malheureusement,
» *les autorités civiles et militaires n'avaient pas pris de*
» *dispositions, quand il en était temps encore, pour faire*
» *rentrer dans son enceinte toutes les ressources en vivres*
» *et fourrages des cantons voisins.* » (Rapport de
Bazaine sur *Metz investi*. Luxembourg, 1870, page 65.)

Le 28 juillet, l'armée de Metz, qui devait être de
150,000 hommes, n'en réunissait que 100,000; celle de
Strasbourg était de 40,000 au lieu de 100,000; le corps
de Canrobert avait encore une division à Paris et une
autre à Soissons; son artillerie et sa cavalerie n'étaient
pas prêtes; aucun corps d'armée n'était encore complétement muni des accessoires exigés pour entrer en
campagne. (*Des causes qui ont amené la capitulation de
Sedan*, par un officier attaché à l'état-major général.
Bruxelles, page 9.)

Au début de la guerre, on *croyait* que l'ennemi ne
serait pas prêt avant nous; on *ignorait ses mouvements,*

de quel côté il réunissait ses forces; les batailles de Wissembourg et de Voërth firent cesser toutes les *incertitudes*.

Nos efforts furent paralysés par *l'ignorance absolue* où nous restâmes *toujours* de l'emplacement et de la force des armées ennemies. Les Prussiens cachèrent si bien leur mouvement derrière le formidable rideau de cavalerie qu'ils déployèrent devant eux dans toutes les directions, qu'on ne sut *jamais réellement* où était le gros de leurs troupes, et par conséquent où devait se produire l'effort le plus considérable; le 14 août, comme le 16, ON NE CROYAIT NULLEMENT *avoir toute l'armée prussienne sur les bras. (Ibidem*, 605, 9-11.)

Il est inutile d'insister. Tout le monde aujourd'hui connaît les documents officiels, les pièces et les témoignages de toute nature qui établissent péremptoirement que jamais guerre ne fut entreprise dans des conditions aussi *extraordinaires* de dénûment, d'imprévoyance, de désordre, de désarroi, d'anarchie.


La quatrième cause de nos désastres est *la démoralisation des officiers et des soldats, la rupture des liens de la discipline, l'absence de plan et de prévoyance au grand quartier général, l'impéritie et l'égoïsme de Napoléon III.*

« Les deux grandes guerres de Crimée et d'Italie,
» dans lesquelles nous avions été plus heureux qu'ha-
» biles, n'avaient point ouvert nos yeux, et toujours
» confiants dans l'héroïsme de nos soldats, que le
» laisser-aller de nos campagnes d'Afrique avait pour-
» tant gâtés autant que leurs officiers et leurs généraux
» eux-mêmes, chacun de nous ne comptait que sur

» l'élan, l'entraînement irrésistible qui constituent le
» fond du caractère français pour vaincre nos ennemis.
» De là, il arrivait que chaque officier, *sans souci de*
» *ses devoirs,* sans se livrer à l'étude sérieuse des con-
» naissances qu'il fallait acquérir pour remplir digne-
» ment ses fonctions dans les différents échelons qu'il
» parcourait, trouvait fastidieuses et inutiles toutes
» les charges qu'on lui imposait, et ne demandait à
» s'élever dans la hiérarchie militaire que pour avoir
» un grade qui le posât dans le monde et lui procurât
» des moyens d'existence plus doux. C'est ainsi que
» dans cette guerre nous avons vu nos chefs d'état-
» major, dépourvus même des cartes indispensables
» pour diriger nos mouvements, ne connaître que mé-
» diocrement la topographie du pays, ignorer les pré-
» ceptes et les maximes de l'art de la guerre, et oublier
» même les premiers éléments des services en cam-
» pagne, en négligeant de se garder dans leurs camps
» et de s'éclairer au loin, malgré les avertissements
» réitérés de deux journées de poursuites et d'escar-
» mouches. C'est ainsi que nous avons vu des généraux
» qui paraissaient sur le champ de bataille bien plus
» pour se montrer brillants devant le feu de l'ennemi
» que pour ordonner des dispositions salutaires, ne
» briguer le commandement d'un corps d'armée qu'afin
» de devenir maréchaux de France. » (*Des causes qui ont
amené les désastres de l'armée française*, etc., pages 98-99.)

Sur le champ de bataille lui-même, il semble que
nos généraux aient été frappés d'indécision, de découragement, de stupeur.

« La tactique des généraux ennemis, qui ont su
» s'inspirer du progrès du nouvel armement et de la
» supériorité de leurs canons, semble avoir été de nous

» terrifier par un feu effroyable d'artillerie et de ne
» lancer leurs bataillons en avant qu'au moment où il
» aurait achevé dans nos rangs l'œuvre de la démora-
» lisation. Il faut dire qu'à cet égard ils ont pleine-
» ment réussi. En effet, pendant plus de quatre heures,
» leurs batteries n'ont cessé d'inonder de projectiles
» les plateaux que nous occupions sous Sedan, sans
» que leurs colonnes d'attaque fissent un mouvement
» en avant. Il en résultait que nos soldats, couchés à
» terre, sous la grêle des projectiles qui éclataient au-
» tour d'eux avec un horrible fracas, perdaient peu à
» peu courage et confiance, et qu'au moment décisif,
» alors que les batteries ennemies achevaient de ré-
» pandre l'épouvante au milieu d'eux par une recru-
» descence du feu de toutes leurs pièces, ils n'étaient
» plus maîtres d'eux-mêmes et se sentaient entraînés
» par le désir de prendre la fuite.

» Pour répondre à cette tactique, il eût fallu faire
» usage de celle qui nous est familière, en utilisant les
» avantages de la nature ardente du soldat français
» qui, tenu debout en face de l'ennemi, eût senti da-
» vantage la nécessité de s'élancer en avant à la baïon-
» nette sur cette terrible artillerie qui le décimait sans
» combattre. Dans cette disposition d'esprit, un ordre
» général, donné à tous les corps engagés de marcher
» en avant sous la pluie des balles et de la mitraille,
» eût sans doute été accueilli avec moins de répu-
» gnance, s'il est vrai que dans l'état de démoralisa-
» tion d'une armée toujours poursuivie, toujours
» vaincue, sans confiance dans la victoire et dans le
» talent de ses généraux, tout effort, dans quelque
» condition qu'il fût entrepris, eût trouvé peu d'en-
» thousiasme. Mais, que nos soldats fussent couchés ou
» debout, aucun ordre de cette nature ne fut jamais

» donné, si ce n'est pour faire sur certains points de la
» ligne de bataille quelques tentatives partielles qui
» ne pouvaient être que stériles; le tambour ne battit
» jamais la charge; le mot : en avant! ne fut jamais
» prononcé; tout a été conduit avec le silence, la mol-
» lesse et l'indécision qui ont caractérisé la campagne.
» Chacun de nos généraux paraissait convaincu de l'i-
» nutilité de la lutte, et le pressentiment d'une cata-
» strophe anéantissait en eux toutes les facultés. La
» veille de la bataille, nous a-t-on lu un ordre du jour
» pour nous préparer à combattre? Il est vrai qu'une
» proclamation de l'empereur parut après la bataille,
» mais son langage glacé, en menaçant de la loi mili-
» taire et du mépris public les lâches que son incurie
» avait fait naître dans une armée française, était-il
» de nature à enflammer le courage abattu de nos sol-
» dats? Avant et même pendant la bataille, une ligne
» de retraite nous fut-elle indiquée? Il n'en existait
» aucune, à la vérité; mais le désastre était-il donc
» connu d'avance pour que cette précaution fût inutile,
» et voulait-on nous enfermer dans Sedan, où le chef
» de l'Etat, qui n'avait pas voulu mourir à la tête de
» son armée, s'était enfermé lui-même, comme pour
» rendre la honte plus éclatante encore? Je ne crois
» pas à la trahison : je crois que l'incapacité des chefs
» et surtout l'imprévoyance du gouvernement et de
» ses ministres sont les seules causes de nos malheurs;
» mais vraiment ceux qui ont cette conviction ont
» quelque raison d'y croire, car si l'on voulait trahir
» la France, certes on ne saurait mieux agir que dans
» la campagne de 1870. » (*Ibidem*, pages 93-96.)

Le grand quartier général a-t-il montré plus de dé-
cision? L'on va en juger.

Le 4 août 1870, à 4 heures 58 minutes du soir, le général de Failly reçoit du quartier impérial la dépêche suivante :

« *Soutenez avec vos deux divisions celle que vous avez* » *à Bitche.* »

Le 5, le général de Failly apprend qu'il passe sous le commandement du maréchal Mac-Mahon, et celui-ci lui donna l'ordre de le rallier au plus tôt.

Le 6, à 2 heures, le maréchal enjoint à M. de Failly *d'envoyer le plus tôt possible une division à Philipsbourg, et de tenir les autres prêtes à marcher.*

Le 7, à la Petite-Pierre, le général reçoit de l'empereur l'ordre *de se retirer avec ses troupes sur le camp de Châlons.*

Le même jour, à Réchicourt, le général reçoit du quartier impérial *l'ordre de marcher sur Nancy.*

Le 10, le maréchal Lebœuf écrit au général :

*Dans le cas où vous vous verriez devancer à Nancy par l'ennemi, pour ne pas vous mettre dans la nécessité de lutter contre des forces supérieures, vous devriez, tout en continuant votre marche, prendre une direction plus à gauche, vers Langres, par exemple ; cette éventualité venant à se réaliser, vous auriez à le faire connaître à l'empereur.*

*De Nancy, l'empereur vous appellera à Metz ou vous indiquera votre retraite soit sur Châlons, soit sur Paris.*

Le 12, à 9 heures du matin, nouvelle dépêche du quartier impérial.

*Marchez sur Toul aussi vite que possible ; suivant les circonstances vous serez appelé à Metz ou dirigé sur Châlons.*

Le même jour, à 3 heures 35 du soir arrive, toujours du quartier impérial, une seconde dépêche ainsi conçue :

« *L'empereur annule l'ordre de ce matin et vous pres-*
» *crit de vous diriger sur Paris par la route qui vous*
» *paraît la plus convenable.* »

Le 17, le maréchal de Mac-Mahon prescrit à M. de
Failly de se rendre au camp de Châlons par Vitry-le-
François.

Le 20, le 5ᵉ corps, en marches forcées depuis le 6,
arrive à Châlons. Le même jour, à 5 heures du soir, il
reçoit l'ordre de se porter, le lendemain, sur Reims !
(De Failly, *Opérations et marches du 5ᵉ corps*, p. 10-29.)

Ordres, contre-ordres, désordres. Telle a été l'œuvre
du quartier impérial !

L'on a déclaré la guerre sans être prêt. — L'on a
donné à **M. de Moltke** tout le temps nécessaire pour se
mettre en mesure. — L'on s'est laissé devancer et sur-
prendre par l'ennemi. — L'on n'a rien prévu, rien préparé pour le cas d'une défaite !

La défaite de Woërth (Reischoffen ou Frœschwiller)
fut une véritable déroute, une affreuse débandade, et
quelles que soient la honte et la douleur que l'on
éprouve à signaler de pareils faits, il faut avoir le courage de les faire connaître, pour l'éternel enseignement de nos descendants.

C'est un témoin oculaire, c'est un officier du premier
corps, qui va nous décrire cet épouvantable drame.

« Ce fut un sauve-qui-peut général : trente mille
» hommes de toutes armes, confondus dans un pêle-
» mêle inextricable, se jettent à travers les bois, les
» chemins, les sentiers, les ravins, les précipices ; ils
» fuient sans ordre, sans direction, par toutes les
» routes, vers Bitche, Hagueneau, Saverne, qu'une

» *vague rumeur*, au milieu de cette mêlée confuse, dé-
» signait comme point de ralliement. La plupart,
» affolés, frappés de vertige, incapables de se diriger
» dans la profondeur des bois, vont mourir sous les
» balles ou tomber au pouvoir de l'ennemi. Les esca-
» drons prussiens, lancés à la poursuite, volent dans
» toutes les directions et sabrent, écrasent, massacrent
» les fuyards que la fatalité fait tomber sous leurs pas.
» La chaussée de Wœrth à Reischoffen présente le
» spectacle le plus lamentable : le convoi, les bagages,
» que le vainqueur compta au nombre de ses trophées,
» s'y pressent dans un désordre inexprimable ; nos
» batteries, qui veulent à tout prix se frayer un pas-
» sage, heurtent, brisent, culbutent dans leur course
» insensée les fourgons, les voitures, les attelages de
» toute sorte qu'ils laissent gisants sur le sol ou ren-
» versés dans les fossés. On crie, on s'écrase, on s'in-
» sulte, on coupe les traits des chevaux pour échapper
» plus vite au carnage. Une multitude de soldats, hale-
» tants, altérés, se rue sur des tonneaux de vin et
» d'eau-de-vie abandonnés de l'administration : c'est
» un chaos épouvantable !

» Pour ajouter la honte à la confusion, nos soldats
» qui, au début de l'action, s'étaient dépouillés de leur
» sac, sans vivres et sans campement désormais,
» étaient réduits à la triste nécessité d'implorer la gé-
» nérosité des populations qu'ils traversaient, quand
» ils ne la contraignaient pas. Cette habitude, venue
» d'Afrique et apportée déjà sur les champs de bataille
» de Crimée et d'Italie, peut offrir l'avantage d'alléger
» le soldat pour courir à l'ennemi ; mais les immenses
» inconvénients qu'elle présente quand on envisage
» l'issue de la lutte, quelle qu'elle soit, parlent mainte-

» nant assez éloquemment pour la bannir à jamais de
» notre manière de combattre : dans la victoire, c'est
» se condamner à l'impossibilité de poursuivre les
» vaincus, et dans la défaite, c'est augmenter son dé-
» sastre de toute l'horreur de la misère, de la démora-
» lisation et de l'indiscipline.

» La défaite n'était point prévue, sans doute, car la
» ligne de retraite n'avait pas été communiquée avant
» l'action, et la déroute n'en fut que plus diffuse. Tou-
» tefois, dans la fuite, on recueillait les bruits les plus
» contradictoires : certains généraux avaient désigné
» Bitch, d'autres avaient indiqué Saverne pour lieu
» de ralliement. La plus grande partie de l'armée se
» dirigea de Niederbronn sur cette dernière ville, mais
» de nombreux débris d'infanterie, d'artillerie et de
» cavalerie prirent la route de Bitch que le comman-
» dant de place, informé de la véritable destination, fit
» évacuer le lendemain matin par la route de Saverne,
» coupée déjà par les coureurs ennemis.

» Durant une longue marche de Saverne à Neuf-
» château et de la Petite-Pierre à Chaumont, le dé-
» sordre des deux corps d'armée fut extrême. Nos
» soldats, sans vivres et sans campement, offraient le
» spectacle le plus douloureux du découragement et de
» l'indiscipline. Le convoi étant resté aux mains de
» l'ennemi, et aucune distribution régulière ne leur
» étant faite, ils pillaient, maraudaient, mendiaient
» même, et ce qui ajoutait à la tristesse de cette situa-
» tion, c'est que l'autorité militaire, sans permettre
» ces actes regrettables, se trouvait dans la nécessité
» de les tolérer ; de telle sorte que, encouragés par
» l'impunité, les excès de toute nature ne connais-
» saient plus de bornes. La voix des chefs, impuissante

» à retenir leurs soldats dans le devoir, était mé-
» connue, et rompant les rangs, marchant isolément
» en avant, en arrière ou sur les flancs de la colonne,
» ils s'arrêtaient dans les fermes, chassaient le gibier,
» parcouraient les hameaux, les villages environnants,
» où ils semaient l'effroi par leurs récits exagérés ou
» par leurs exigences et leurs déprédations. Le chiffre
» des disparitions dans les régiments grossissait chaque
» jour davantage et aucune mesure de rigueur n'était
» prise pour en arrêter le développement ; la prévôté
» ne recherchait ni absents ni maraudeurs. Certains
» officiers généraux eux-mêmes ou restaient en arrière
» ou gagnaient en avant quelques étapes pour prendre
» du repos. Les états-majors ne déterminaient jamais
» leurs campements avec méthode et en vue d'une
» attaque imminente ; des grand'gardes n'en cou-
» vraient jamais les abords ; les fausses alertes, sur-
» tout dans le 5e corps, étaient fréquentes, et toujours,
» dans ces cas, l'attitude de nos hommes trahissait
» leur trouble et leur inquiétude. La journée de Lu-
» néville à Bayon fut entre toutes la plus lamentable :
» nos soldats, dispersés par une pluie sans trêve, brisés
» de fatigue, trempés jusqu'aux os, arrivaient à Bayon
» dans un désarroi inexprimable, cherchant en tous
» lieux leurs cantonnements épars sur le territoire de
» plusieurs communes. Le désordre, la confusion,
» l'indiscipline de notre armée durant ces marches
» ont laissé, dans l'esprit des populations qu'elle a
» traversées, une impression si pénible qu'elles de-
» vront garder longtemps le triste souvenir de son pas-
» sage. » (*Des causes qui ont amené les désastres, etc.,*
pag., 25-27 ; 36-38.)

Ne croirait-on pas lire un épisode de la retraite de
Moscou ?

Et il en fut partout de même. Après le combat livré le 10 octobre entre Chevilly, Cercotte, Artenay et les Ormes, l'armée française, complétement battue, se précipita dans un désordre extrême vers Orléans ; mais la défaite n'ayant pas été *prévue*, l'on avait *négligé* d'établir des ponts sur la Loire, et nos soldats n'ayant pour passer le fleuve que le seul pont d'Orléans à Ollivet, s'y étouffèrent, s'y écrasèrent et y périrent en grand nombre.

Lorsque les Allemands pénétrèrent dans Orléans, leur premier soin fut de construire un large pont de bateaux, aussi lorsqu'après la bataille de Coulmiers ils durent évacuer la ville, ils purent passer le fleuve fort tranquillement et dans le meilleur ordre.

*C'est aux préoccupations personnelles et dynastiques de Napoléon III qu'il faut attribuer la catastrophe de Sedan, la capitulation de Metz et toutes les conséquences de ces deux désastres sans analogues dans l'histoire.*

l est certain, en effet, que si Napoléon III, comme cela était son devoir strict, était resté à Metz, à la tête de sa garde et de l'élite de son armée, s'appuyant sur Bazaine, Canrobert et Changarnier, les lignes ennemies auraient été percées, et que le désastre suprême de Sedan n'aurait pas eu lieu. La France était sauvée.

C'est exclusivement au point de vue de ses intérêts personnels mal compris, que le héros du 2 décembre *a fui devant l'ennemi*, abandonnant ses soldats, obstruant de ses bagages et de son fils les voies ferrées, paralysant les mouvements de l'armée et compromettant un succès qui, abstraction faite de sa personne, pouvait et devait être obtenu.

Cet homme lugubre et fatal n'a su ni arriver ni

partir à propos. Après avoir perdu la France par sa
présence, il a encore trouvé le moyen de la perdre
par son absence. Après avoir déclaré la guerre avec
une audace inouïe, il n'a pas eu assez de courage et
d'énergie pour résister aux volontés d'un ministère
inepte, qu'il voyait le précipiter vers sa ruine.

Il en a été de même à Châlons. Napoléon III, puisqu'il s'était décidé à y venir, devait y rester pour y
reconstituer une armée qui aurait pu empêcher l'investissement de Paris et, dans tous les cas, devenir une
armée extérieure de secours dont le rôle eût été immense.

C'est encore exclusivement en vue d'intérêts personnels et dynastiques et sous la pression de la Régente
et de ses conseillers, que la marche sur Sedan a été
décidée. Les dépêches, aujourd'hui publiées, du ministre de la guerre Cousin Montauban, dit comte de
Palikao, le démontrent péremptoirement. Et cette
marche a été une éclatante justification du vieil apho-
risme : « *Quos perdere vult Jupiter, dementat.* »

Tous les hommes intelligents et sensés comprirent
que la marche de Mac-Mahon sur Sedan ne pouvait
que consommer la perte de la France.

Dans les derniers jours du mois d'août, nous étions
à la rédaction du *Siècle*. L'on discutait avec vivacité
le rôle imposé à Mac-Mahon. Tout à coup, Ténot nous
saisissant le bras et nous entraînant vers une grande
carte appendue au mur : « Voyez, nous dit-il, en pro-
» menant sur la carte ses doigts fébriles, voici les
» positions; ceux qui veulent la marche sur Sedan
» sont des idiots ou des traîtres. Si Mac-Mahon n'a
» pas le courage de résister aux ordres qui lui sont
» donnés, son armée mettra bas les armes ici ! » — Hé-

las, Ténot n'avait que trop raison! La bataille de Sedan est perdue, et l'on voit se reproduire toutes les hontes de la retraite de Wœrth.

« La déroute était générale : les bataillons de l'aile
» droite et du centre, chassés de Balan, de Daigny, de
» Givonne par les Bavarois et les Saxons, et écrasés
» par la mitraille des batteries de la garde royale,
» avaient fui ou fuyaient encore en désordre sous les
» murs de Sedan et, de tous côtés, on se précipitait
» avec furie sur les issues de la ville dont la plupart
» étaient encore fermées. Des régiments débandés,
» dans une mêlée indescriptible, encombraient les
» glacis, les fossés; des soldats de toutes armes, fan-
» tassins, cavaliers, artilleurs, se pressaient aux portes,
» aux poternes, se renversant, se foulant mutuelle-
» ment; quelques-uns, ne pouvant pénétrer assez vite
» à leur gré dans les murs de la place, tentaient d'es-
» calader les remparts; des centaines de cavaliers,
» glissant sur les talus, longeaient les fossés à travers
» une agglomération d'hommes culbutés, écrasés sous
» le pied des chevaux; des caissons, des pièces d'arti-
» lerie, lancés au trot de leur chevaux, refoulaient
» brusquement sur leur passage la foule effarée, et,
» pour comble d'horreur, le feu des batteries enne-
» mies, redoublant de violence et foudroyant impi-
» toyablement cette multitude agitée, augmentait le
» désordre par ses affreux ravages, et mêlait les cris
» des victimes aux imprécations des fantassins mal-
» traités. » (*Des causes qui ont amené les désastres*, etc.,
pag. 85-86.)

Comme l'avait trop bien prédit Ténot, l'armée est encore cernée et forcée de mettre bas les armes (1).

(1) *P. S.* — Le général de Wimpffen s'est constitué l'a-

Que va faire Napoléon III ?

Apparaître au milieu du champ de bataille, rallier autour de sa personne les plus braves de ses soldats, et percer, au péril de sa vie, le cercle de fer et de feu qui l'étreint.

Non! Napoléon III laisse au général de Wimpffen l'honneur de tenter cet effort suprême, il refuse de s'y associer (2), et n'ayant pas VOULU risquer sa précieuse existence dans un élan sublime qui pouvait racheter toutes ses fautes, il fait hisser le drapeau parlementaire, et il écrit au roi de Prusse :

« *N'ayant pas* PU *mourir au milieu de mes troupes,* » *il ne me reste qu'à remettre mon épée entre les mains* » *de Votre Majesté.* »

Toute honte bue, il reste à Napoléon III un dernier DEVOIR à remplir.

Il FAUT, *l'honneur l'exige impérieusement,* que Napoléon III accepte loyalement l'inévitable résultat de ses fautes, et qu'après avoir conclu la paix aux meilleures

---

pologiste de la marche sur Sedan; selon lui, ce plan était le meilleur, et il eût donné les plus beaux résultats si des hésitations, des ordres, des contre-ordres, et surtout d'inconcevables *lenteurs de marche,* n'eussent pas empêché Mac-Mahon de profiter des quarante-huit heures d'avance qu'il avait sur l'armée du Prince de Prusse. Que les stratégistes en décident. (De Wimpffen, Sedan. Paris, 1871, pag. 105 et suiv., 147 et suiv.)

(2) P. S. — Raoul des Horties, chef d'escadron au 2ᵉ lanciers, ne conserve, à Wœrth que 60 hommes de son régiment. A Sedan, il se précipite tête baissée sur les lignes ennemies, les traverse, et n'étant plus suivi que par 32 hommes, il arrive à Orléans, où cet héroïque jeune homme est mort de ses blessures.

conditions possibles, il abdique, en mettant la volonté nationale en demeure de se prononcer.

Eh bien! cet homme trouve encore le moyen de s'abaisser davantage. Il repousse loin de lui la responsabilité de ses actes et l'impose à une femme, à la Régente. « *Je ne suis plus*, dit-il *qu'un prisonnier; il* » *ne m'appartient plus de décider du sort de la France,* » *adressez-vous à la Régente.* »

Il abdique moralement, et, suivi d'un brillant cortége, il s'en va, au risque de prolonger l'agonie de la France, de mettre le comble à sa honte et à sa ruine; il s'en va fumer et patiner à Wilhelmshoehe, se réservant de ressaisir plus tard, par de nouvelles intrigues, par de nouvelles corruptions, la puissance qu'il laisse momentanément échapper de ses mains pour sauvegarder de coupables et égoïstes espérances.


Pour ne pas rester courbé sous tant de misères et tant de hontes, hâtons-nous de dire que si toutes les causes que nous venons d'énumérer ont fini par jeter la peur et le découragement dans nos rangs, nos soldats, vaincus par le nombre, par les canons, par la misère, par les éléments, n'en sont pas moins restés dignes de la gloire de leurs pères.

A Wissembourg, la division Douay, son brave général en tête, a déployé un courage et une fermeté magnifiques.

A Wœrth, deux brigades de la 3ᵉ division, les bataillons de réserve de la première division du 7ᵉ corps, les zouaves, les cuirassiers de Septueil, les hussards ont excité l'admiration de nos ennemis eux-mêmes. A midi nous tenions sur toute la ligne, et les Prussiens, bien qu'ils fussent deux fois supérieurs en nombre, voyaient la victoire leur échapper, lorsque l'arrivée sur le champ de bataille de la 22e division allemande et du corps d'armée wurtembergeois, vint tout à coup changer la face des choses.

A Borny, à Mars-la-Tour, à Gravelotte, nos soldats se sont battus comme des héros.

Il a fallu un concours de circonstances inouïes pour paralyser les efforts de l'héroïque Bourbaki.

Malgré leurs défaites, les soldats français sont encore les premiers du monde ; les Allemands le savaient si bien, que jamais ils n'ont osé les aborder à la baïonnette ou soutenir leur choc, et partout c'est en s'abritant derrière des bois ou des murs qu'ils les ont fusillés.

Pour nous vaincre, il a fallu aux Allemands leur admirable organisation militaire, leur immense supériorité numérique, leur écrasante artillerie, et la nouvelle tactique, plus habilement prudente qu'héroïque, qu'ils ont introduite dans l'art de la guerre.

Sedan avait capitulé le 1er septembre, Metz capitula le 27 octobre. Si Bazaine avait tenu quinze jours de plus, l'armée du prince Frédéric-Charles n'aurait pas pu marcher en temps opportun contre l'armée de Chanzy ; celle-ci arrivait alors sous Paris, et la France était encore sauvée.

Le procès du maréchal Bazaine nous paraît être complétement instruit. Cet homme qui, selon les expressions de Changarnier, « a eu l'insigne malheur de ne » pas assister à la bataille de Borny »; cet homme qui, toujours au témoignage de Changarnier, aurait pu

percer les lignes ennemies, et qui ne l'a pas fait; cet
homme qui a commis des *faures graves* qui ont toutes
les apparences du *crime*, cet homme n'est pas seulement un chef malhabile et négligent, c'est un vulgaire
et coupable ambitieux qui a sacrifié ses devoirs de
soldat et de citoyen à des visées politiques, et à l'espérance de devenir l'instrument d'une restauration impériale de laquelle il aurait eu le droit de tout exiger,
et le titre de prince et une principauté de plusieurs
millions!

Les preuves qui justifient cette assertion surabondent,
et la justification que leur a opposée l'homme du
Mexique est absolument dérisoire (voy. *Histoire de la
capitulation de Metz. Enquête sur la trahison de Bazaine
et de Coffinières.* France et Belgique, 1871).

Les troupes et la garde nationale enfermées dans Paris
depuis le 19 septembre pouvaient-elles encore sauver la
France? Sans revenir ici sur des questions que déjà
nous avons traitées, constatons seulement ici que Paris
ne nous a pas sauvés! Et c'est alors (9 novembre) qu'un
grand citoyen, qu'un ardent patriote, c'est alors que
Gambetta s'écrie :


       « Français!

» Élevez vos âmes et vos résolutions à la hauteur des
» effroyables périls qui fondent sur la patrie; il dépend
» encore de nous de lasser la mauvaise fortune et de
» montrer à l'univers *ce que peut un grand peuple qui
» ne veut pas périr, et dont le courage s'exalte au sein
» même des catastrophes.* »

Hélas! le grand peuple ne répondit pas à l'appel de
Gambetta; son courage, au lieu de s'exalter, s'anéantit.

Les Français de 1870 ne surent pas opposer aux soldats de Guillaume l'invincible résistance que les Espagnols avaient opposée aux soldats de Napoléon Ier et les Mexicains aux soldats de Napoléon III.

Malgré les héroïques efforts de Chanzy, de Faidherbe, la France s'abandonna! Et c'est ici qu'apparaît la cinquième et suprême cause de nos désastres : *l'extinction du patriotisme français!* — Grande question, que nous ne pourrions étudier convenablement qu'en entrant dans des considérations d'histoire, de politique, de morale, de sociologie, qui nous entraîneraient beaucoup trop loin.

Bornons-nous à quelques propositions aphoristiques, en nous réservant de les développer ailleurs.


L'extinction du patriotisme en France est le résultat direct de la démoralisation du peuple français.

La démoralisation du peuple français se rattache à trois influences principales :

Une influence gouvernementale,

Une influence cléricale,

Une influence démagogique.


*Influence gouvernementale.* Partout et toujours la *corruption* a été l'un des instruments préférés des gouvernements. Malgré les dures leçons de l'expérience, les gouvernants se transmettent traditionnellement cette énorme erreur historique, philosophique et morale, à savoir : que pour tout gouvernement, le moyen le plus facile et le plus sûr de se défendre et de se consolider est, non d'éclairer et de moraliser le peuple,

mais de l'abêtir et de le sensualiser; de faire appel,
non à ses idées et à ses sentiments, mais à ses appétits
et à ses convoitises.

De là, l'opposition à l'instruction gratuite et obligatoire et à l'adjonction électorale des capacités; la protection, l'appui donnés au parti clérical; la surexcitation imprimée à l'égoïsme, aux intérêts personnels et
matériels, au luxe; de là, le culte du veau d'or, substi-
tué à celui de l'honneur, de l'abnégation et du dévouement.

La *corruption gouvernementale* est donc de tous les
temps et de tous les lieux; mais, au point de vue de la
pratique et des résultats sociaux immédiats, l'influence
corruptrice est ramenée à une question de limites, de
degré, de voies et moyens.

En ce qui concerne la France, et sans remonter bien
haut dans son histoire, l'on doit dire, à l'honneur de la
Restauration, que, sous Louis XVIII et Charles X, le
gouvernement et l'opposition se sont également maintenus sur le noble terrain des principes, des convictions philosophiques, politiques et religieuses. Aussi la
révolution de 1830 a-t-elle été exclusivement politique
et philosophique. C'est aux cris de *vive la Charte! vive
la liberté de la presse!* que Charles X a été renversé.

C'est sous le gouvernement de Louis-Philippe que la
corruption a été erigée en *système de gouvernement*, par
*l'austère intrigant* que Royer Collard se défendait
d'avoir appelé *austère*.

M. Guizot, en s'écriant à Lizieux : « *Mes chers élec-
» teurs, enrichissez-vous et ne vous sentez pas corrom-
» pus;* » M. Duchâtel, en multipliant outre mesure le
nombre des électeurs achetés et payés, ont commencé
la démoralisation du Peuple français. Aussi la révolu-

tion de 1848 a-t-elle été surtout morale, et c'est aux cris de : *A bas la corruption* qu'est tombé Louis-Philippe.

Et cependant ce roi était un honnête homme; ses fils étaient de braves jeunes gens élevés dans le culte de la liberté; la *Cour* était digne et probe; les ministres eux-mêmes, MM. Duchâtel et Guizot en tête, étaient des hommes d'une intégrité absolue qui, à titre d'électeurs, auraient repoussé avec indignation et mépris la *corruption électorale;* tous les hommes d'Etat du règne ont quitté les affaires plus pauvres qu'ils n'y étaient entrés, et dans ces temps relativement heureux, la peccadille de Cubières fut considérée comme une honteuse infamie! — Morny, Saint-Arnaud, Magnan, Espinasse et *tutti quanti*, combien vous avez dû rire de cette mesquine pruderie!

Et cependant l'instruction publique et l'enseignement supérieur étaient favorisés et dirigés dans les voies libérales. Et cependant le parti clérical était maintenu dans les limites du domaine spirituel et théologique.

Et au gouvernement de Louis-Philippe devait succéder le gouvernement de Napoléon III!

Sous ce règne, la corruption sue par tous les pores; partie du sommet, elle envahit l'édifice social jusque dans sa base; les courtisans, les ministres, la *Cour* sont également corrompus; l'aristocratie impériale est aussi corrompue que la Cour; la bourgeoisie se met à l'unisson de l'aristocratie, et enfin le peuple se corrompt jusqu'à la moelle!

Louis XIV était le Roi-Soleil; Napoléon III devient l'Empereur-argent!

*De l'argent, beaucoup d'argent, toujours de l'argent;*

*perdons tout, fors l'argent !* — Tel est le cri de ralliement de la nation française tout entière. — La fortune publique est mise au pillage, et tout le monde y puise à pleines mains : l'Empereur, ses cousins, cousines et alliés à tous les degrés : légitimes, naturels, ou adultérins ; ses ministres et ses maîtresses, ses maréchaux et ses espions, ses grands dignitaires et les pourvoyeurs de ses plaisirs impériaux !

La *démoralisation* est partout : au Sénat, au Corps législatif, au conseil d'Etat, dans toutes les administrations. Les banquiers, les notaires, les huissiers, les grands industriels, les riches commerçants, quand eux-mêmes ne sont pas corrompus, n'osent plus choisir un caissier. Et alors florissent les Pereire et les Mirès ; et alors s'opèrent à la Bourse, en 24 heures, des fortunes frauduleuses qui troublent les esprits et pervertissent les consciences !

Le bien-être matériel devient l'unique but de la vie ; l'ouvrier dépense trois francs pour son dîner, le gandin trois cents francs pour son soupér.

Le luxe devient non-seulement excessif, mais scandaleux. Sous l'impulsion de l'Impératrice, les femmes du grand monde compromettent l'honneur et la fortune de leurs maris pour enrichir le couturier Worth ; les femmes du demi-monde se mettent en adjudication publique, et les prix s'élèvent si haut, que pour les couvrir il se forme des *sociétés en participation*. La contagion s'étend aux *bourgeoises*, aux *ouvrières*, et chacune d'elles, dans la proportion de ses moyens, se hisse le plus haut possible sur l'échelle de la démoralisation.

Sous la Régence, sous Louis XV, sous le Directoire, la démoralisation fut grande en France, mais jamais elle n'atteignit un semblable degré, jamais elle ne tua, jusque dans leurs racines, les sentiments d'honneur et de patriotisme.

En 1870, c'est à la *démoralisation napoléonienne* qu'il faut attribuer non-seulement l'extinction du patriotisme dans le peuple, mais encore l'extinction de la discipline et du respect hiérarchique dans l'armée.


*Influence cléricale.* — L'Eglise ne veut pas comprendre que la vie c'est le mouvement, et réciproquement; que la transformation successive et progressive est la loi de l'humanité; qu'au milieu d'une société se modifiant sans cesse, une *borne religieuse* est aussi impossible qu'une *borne politique;* se renfermant dans un *non possumus* absolu, elle ne veut pas comprendre qu'en maintenant le dogme fondé sur la révélation, — révélation sur laquelle elle ne peut pas transiger sans cesser d'être l'Eglise, sans cesser d'être une religion pour devenir une philosophie — elle est tenue d'adapter au milieu social tout ce qui, dans la religion catholique, apostolique et romaine, est l'œuvre des hommes, c'est-à-dire des papes et des conciles; elle ne veut pas comprendre, enfin, ce que sa séparation complète d'avec l'État lui donnerait de liberté, de dignité et de puissance.

De là, pour l'Eglise, la nécessité fatale de transporter son royaume du monde céleste dans le monde terrestre, et d'intervenir activement dans les choses de la politique, de la science, de l'enseignement, en un mot du gouvernement.

Napoléon III, poussé d'une part par la bigoterie espagnole de l'Impératrice, et d'autre part par le besoin

de chercher partout des appuis à son gouvernement et
à sa dynastie, a cru que le parti clérical lui fournirait
un appui solide; oublieux des enseignements de l'histoire, qui nous démontrent que le parti clérical est
insatiable, qu'il devient impérieux, exigeant, hostile et
menaçant en raison directe des faveurs qu'on lui
accorde, des faiblesses qu'on lui témoigne, Napoléon III sacrifia ses intérêts politiques les plus évidents
à ceux de l'Eglise et subordonna la France à Rome.

Quelques archevêques et quelques cardinaux flattè-
rent le grand Empereur; Pie IX envoya la rose d'or à
l'Impératrice, comme à Isabelle, et devint le parrain
de son fils. Ébloui, subjugué et convaincu par tant de
témoignages éclatants, Napoléon III se fit le champion
du pouvoir temporel des papes, s'aliénant à jamais
l'Italie et donnant naissance à l'alliance prusso-ita-
lique.

Le parti clérical, ébloui à son tour, mais non convaincu, abusa des faiblesses de l'Empereur sans lui
donner son appui, et se jeta dans les derniers excès.
De là, le dogme de l'Immaculée Conception, l'excom-
munication de Victor Emmanuel, et enfin l'infaillibi-
lité du pape!

Qui ne se souvient de l'immixtion passionnée et
insensée de l'épiscopat dans la discussion ouverte au
Sénat sur la liberté de l'enseignement supérieur? Qui
ne se souvient que l'attitude du gouvernement fut
telle, que les hommes les plus éminents et les plus
haut placés de l'enseignement officiel, furent contraints
de s'abaisser à de honteuses modifications, justifica-
tions, rectifications, rétractations; à des palinodies indignes de leur caractère et de leur position?

C'est en se discréditant par ses ambitions et par ses

excès, que l'épiscopat a contribué, dans une certaine mesure, à la démoralisation du peuple. Il a affaibli les notions d'autorité, de hiérarchie, de respect; il a fait perdre à la religion son prestige traditionnel, avant que la philosophie et la science aient pu établir leur empire universel; il a donné d'éclatants démentis à la morale religieuse, avant que la morale indépendante ait pu suffisamment éclairer les esprits et s'emparer des consciences.

A l'heure présente, l'Eglise récolte ce qu'elle a semé (1); mais à l'encontre de son fondateur, elle n'en continuera pas moins à prendre l'ivraie pour le bon grain.

*Influence démagogique.* — Les réformateurs de la société peuvent être divisés en quatre classes principales.

I. — Les hommes sans science et sans conscience qui, n'ayant rien à perdre et tout à gagner dans les bouleversements sociaux, profitent de toutes les occasions, bonnes ou mauvaises, pour susciter des désordres qui leur permettront de pêcher en eau trouble. Ces hommes se recrutent parmi les repris de justice, les voleurs, les *gredins*, les ivrognes, les fainéants; ils constituent la lie immonde que recèlent toutes les grandes villes, toutes les agglomérations humaines trop considérables.

(1) *P. S.* — Je n'ai pas besoin de dire que ces lignes ont été écrites avant l'exécrable meurtre de l'archevêque de Paris, du curé de la Madeleine et de tant d'autres ecclésiastiques.

II. — Les hommes dépourvus de science, mais animés d'intentions honnêtes et généreuses, qui, touchés des misères du peuple, rêvent *loi agraire, communisme, égalité sociale, association générale, fraternité universelle*, etc.

Ces hommes, qui méritent seuls le nom de *démagogues*, les premiers n'étant que des *brigands*, ces hommes sont dangereux, parce que leurs *erreurs* se traduisent par des écrits, des livres, des prédications qui, par leur forme et par l'expression de bons sentiments, séduisent les esprits peu éclairés et les cœurs sensibles. Que des troubles éclatent dans la rue, et ces hommes n'hésitent pas à prendre le fusil, persuadés qu'ils sont qu'ils vont faire prévaloir leurs idées, leurs doctrines, leurs sentiments ; mais bientôt ils sont absorbés, annihilés par les hommes de notre première classe, et quand ils se retirent de la lutte, vaincus ou désillusionnés, le terrain appartient à la *réaction*, qui fait reculer d'un quart de siècle les progrès et les efforts de la sociologie rationnelle.

Ces hommes, se laissant entraîner trop loin par leurs sentiments *humanitaires*, substituent à la patrie la *République universelle*, à leurs concitoyens l'*humanité universelle*, et, à force d'être *universels*, ils perdent la notion de l'amour du pays et du patriotisme.

III. — Les métaphysiciens de la sociologie, les idéologues, les rêveurs, les utopistes, les politiques de cabinet, hommes dignes de tous les respects, mais dont l'intelligence élevée se laisse entraîner par une imagination trop ardente. Etrangers à la pratique des choses humaines, ils s'absorbent dans leurs théories, et finis-

sent par laisser sombrer leur raison sur les écueils
d'une obscure ou fantastique théodicée.


IV. — Les sociologistes positivistes, pour qui la sociologie est une science, ayant pour base l'observation
méthodique et l'expérimentation licite et prudente.


Entre ces quatre classes d'hommes, quel est le rôle
d'un gouvernement honnête, libéral, national? Il est
tout tracé.

Il faut combattre et réduire à l'impuissance les
hommes de la première classe; éclairer, convaincre et,
au besoin, contenir ceux de la deuxième; respecter
ceux de la troisième; encourager, favoriser ceux de la
quatrième.

C'est précisément le rôle opposé qu'a choisi le gouvernement de Napoléon III. Il a persécuté, condamné,
emprisonné les hommes de nos deux dernières classes;
il a été pour ceux des deux premières, faible, complaisant ou complice.

Strasbourg, Boulogne et le deux décembre avaient
condamné Napoléon III à voir s'éloigner de lui tous les
hommes d'intelligence, de conscience et de cœur. Il le
comprit, et forma dès lors la résolution de s'appuyer
sur les classes ouvrières, sur les masses populaires, et
de les opposer à la bourgeoisie et aux classes éclairées.

De là, des semblants de socialisme qui lui valurent
de la part de M. Louis Blanc un portrait encore plus
flatteur que celui qu'a tracé la plume de M. la Gué-
ronnière.

De là, les embellissements ruineux de Paris destinés

à maintenir autour du trône une masse énorme d'ouvriers, sur le dévouement intéressé desquels l'on croyait
pouvoir compter ; de là, ces promenades pédestres et
matinales, sans suite et sans escorte, au milieu de
maçons et de tailleurs de pierre se félicitant de s'être
donné un Empereur si *bon enfant* et si soucieux des
intérêts du peuple.

Et alors, pour complaire au maître et pour obtenir
ses faveurs, des financiers aventureux fondèrent et le
Crédit mobilier, et la Société immobilière, et la
Société des ports de Marseille, et toutes ces entreprises
gigantesques, insensées ou frauduleuses, qui ont commencé la ruine de la France.

Pendant ce temps l'on condamnait Montalembert,
Proudhon, Vacherot, Laprade ; l'on suspendait la *Revue
indépendante*, où les socialistes les plus éminents dis-
cutaient sérieusement et loyalement les intérêts du
peuple, et y posaient les bases de son éducation intellectuelle et morale ; l'on bâillonnait la presse honnête,
tandis qu'on prodiguait l'or des contribuables au *Pays*, à
l'*Etendard*, dignes prédécesseurs du *Drapeau* et de la
*Situation*, feuilles immondes que solde encore à l'heure
présente l'or volé à la France.

Mais des travaux et des salaires élevés ne suffisaient
plus aux exigences du peuple, convaincu désormais de
sa toute-puissance, et de la prépondérance que le suf-
frage universel et que l'origine comme le caractère du
gouvernement lui créait dans les affaires de l'État.

Napoléon III se hâta de faire intervenir des lois sur
les associations ouvrières, sur les livrets, sur le témoignage des patrons, mesures équitables et opportunes
entre les mains d'un gouvernement honnête et libéral ;
armes dangereuses entre celles d'un gouvernement ne

se soutenant que par la corruption et la force brutale.

Sous le nom de *Société internationale*, il se forma à Londres, en 1862, une association ouvrière dont les ramifications ne tardèrent pas à s'étendre sur l'Europe tout entière, et qui, au moyen de cotisations volontaires et d'une forte organisation, est devenue un redoutable instrument entre les mains des partis.

Les troubles du Creuzot furent la première manifestation effective de l'*Internationale*; ils furent énergiquement réprimés; *le sang du peuple* coula, *le sang des soldats* n'étant que de l'eau aux yeux des démagogues, et la popularité de Napoléon III fut à jamais perdue au sein des populations urbaines.

Le meurtre de Victor Noir, l'inique et scandaleux jugement de Tours, furent la condamnation définitive du gouvernement impérial.

L'*Internationale* avait porté les derniers coups aux notions de patrie et de patriotisme; les clubs de Paris sapèrent jusque dans leurs derniers fondements les notions d'ordre, de hiérarchie, d'autorité, d'obéissance et de discipline militaires.

Une révolution devint imminente.

Napoléon III déclara la guerre à la Prusse pour sauver son trône et écarter la révolution.

Napoléon III a perdu son trône, et nous assistons à la plus effroyable révolution que présentent les annales de l'histoire.

L'horrible drame qui se déroule depuis le 18 mars, est-il le prologue sanglant, mais inévitable, de la *réno-*

*vation sociale* que depuis longtemps nous avons considérée comme nécessaire ? Nous ne le pensons pas.

M. de Bismarck aurait dit de Paris : « C'est une mai-
» son de fous, peuplée par des singes. »

Hélas ! Bismarck aurait-il raison sur ce point comme sur tant d'autres ?

Nous voyons, en effet, à Paris des fous qui s'efforcent de singer 93.

Mais en 93 le peuple français tout entier se précipitait aux frontières pour en repousser l'ennemi et, en même temps, il donnait à la France les principes de 89, l'unité de son territoire et de son administration.

En 1871, des Français font couler le sang français sous les yeux d'un ennemi qui occupe encore le quart de notre pays, qui nous contemple avec une joie féroce, rit et bat des mains ! La Commune de Paris, en même temps qu'elle s'efforce de morceler la France, abat la colonne Vendôme et rase la maison de M. Thiers (1) !

Le 10 mai, M. Delescluze dit aux gardes nationaux de Paris :

« Le monde qui vous contemple et applaudit à vos
» magnanimes efforts s'apprête à célébrer votre triom-
» phe, qui sera le salut pour tous les peuples. »

Si c'est avec conviction que M. Delescluze a écrit ces lignes, il se repaît d'étranges illusions.

Non ! le monde contemple Paris avec horreur, indignation et mépris !

Les gouvernements y puisent la conviction que les peuples sont des enfants ignorants et mutins, qu'il faut

---

(1) *P. S.* — Je ne prévoyais pas qu'elle finirait par incendier Paris !

maintenir par la force dans les limites étroites de leurs droits et de leurs devoirs.

Les gouvernés concluent que le plus mauvais des gouvernements despotiques vaut encore mieux qu'un gouvernement populaire qui, au nom de la liberté, confisque toute les libertés : la liberté individuelle, la liberté de penser et d'écrire, la liberté de conscience ; qui oblige les citoyens à se faire tuer pour des convictions qui ne sont pas les leurs ; qui, au nom de la justice, confisque et rase les propriétés, et commet toutes sortes de spoliations ; qui, au nom du bien public, ruine et démoralise le peuple, sème dans la cité le désordre, l'anarchie, les défiances et les délations réciproques, le sang et le meurtre ; qui, au nom d'une *république universelle*, dont il retarde l'avénement de bien longtemps, tend à diviser la France, à détruire l'unité, l'homogénéité qui font sa force et sa puissance ; qui enfin, au nom de l'humanité, épouvante le monde par le spectacle de ses erreurs, de ses fautes, de ses folies et de ses crimes !

## DES CONSÉQUENCES ACTUELLES ET ULTÉRIEURES DE LA GUERRE, AU POINT DE VUE DE L'ALLEMAGNE.

Pour l'Allemagne, les résultats immédiats de la guerre sont :

I. — Une immense satisfaction d'orgueil militaire, de jalousie, de haine et de vengeance nationales.

II. — Une indemnité de guerre de plus de cinq milliards, en y comprenant les réquisitions en argent et en nature faites pendant la lutte.

III. — L'adjonction violente de l'Alsace et d'une portion de la Lorraine.

IV. — La création de l'empire germanique.

Examinons la valeur réelle de chacun de ces résultats, acquis au prix de tant d'efforts.

I. — Et nous aussi nous avons connu les satisfactions de l'orgueil militaire, mais nous savons ce qu'il en coûte pour les obtenir, et nous savons aussi, qu'en raison de l'éternelle loi de balancement universel, de terribles défaites succèdent toujours aux plus éclatantes victoires.

Sans doute l'Allemagne peut être fière, à bon droit, des foudroyants succès qu'elle a obtenus, mais elle sait mieux que nous encore à quelles circonstances elle les doit. Elle sait aussi que, malgré les forteresses qu'elle possède et celles qu'elle a conquises, la France, si elle le veut, pourra, dans quelques années, recommencer la lutte au moins à chances égales. Le jour où notre effectif égalera l'effectif allemand, où notre artillerie ne sera plus inférieure à l'artillerie allemande, où notre organisation militaire vaudra l'organisation allemande, ce jour-là nos soldats ne craindront pas de se mesurer avec les soldats allemands, et nos généraux sauront tenir tête au comte de Moltke et au prince Frédéric-Charles.

II. — La guerre a coûté à l'Allemagne 200,000 hommes et plusieurs milliards; pendant 8 mois elle a laissé le pays dépeuplé, mettant à néant l'agriculture, l'industrie et le commerce. Or, l'Allemagne ne possède point les mêmes ressources, le même ressort que la France, et, malgré les cinq milliards qu'elle nous arrache, elle comprend parfaitement déjà qu'elle ne peut vivre isolée de la France. Les peuples allemands ne tarderont pas à reconnaître que les alliances, les sympathies, la solidarité internationales sont plus profitables que la jalousie, la haine et la vengeance, et ils déploreront amèrement une guerre dont les résultats les plus heureux seront d'avoir fait d'un Juncker un prince, et d'un roi de Prusse un empereur d'Allemagne.

III. — « *Nous avons contre nous les populations de* » *l'Alsace et de la Lorraine,* a dit M. de Bismarck, » *mais nous les ramènerons, en les entourant de l'affection* » *allemande et en leur accordant de larges franchises* » *municipales.* »

M. de Bismarck aime beaucoup *à faire des mots.* La Commune de Paris lui a fourni l'occasion d'en faire un, et il l'a saisie avec empressement. Eh bien! le mot est joli, nous le reconnaissons volontiers, mais il est plus digne de feu Grassot que d'un grand chancelier de l'empire d'Allemagne.

L'affection séculaire des Anglais, monsieur le prince, a-t-elle conquis l'amour des Irlandais?

L'affection russe a-t-elle conquis l'amour des Polonais?

L'affection autrichienne a-t-elle conquis l'amour des Lombards et des Vénitiens?

*Oh!* direz-vous sans doute, *l'affection allemande, c'est bien autre chose!*

Mais, grand prince, L'AFFECTION PRUSSIENNE a-t-elle conquis l'amour des Polonais du grand-duché de

Posen, et l'amour des habitants du Schleswig septen-
trional?

Vous accorderez, dites-vous, de grandes franchises
municipales aux pays conquis. Mais alors vous serez
obligé d'en accorder de semblables à toutes les muni-
cipalités de la Prusse, sous peine de créer des rivalités,
des antagonismes redoutables.

Et quelle sera l'étendue de ces franchises? Celle qui
sera compatible avec la facile et prompte exécution de
toutes vos volontés !

A la moindre résistance, vous traiteriez les munici-
palités alsaciennes comme vous avez traité le parlement
prussien, alors qu'il ne consentait pas à enregistrer
vos édits; comme naguère vous avez traité l'illustre
Jacoby !

Non, non, monsieur de Bismarck, nos compatriotes
ne se laisseront prendre ni à vos promesses ni à vos
semblants.

Les Alsaciens et les Lorrains sont et resteront Français malgré vous et contre vous, et s'il faut encore en
appeler au sort des batailles, ils seront l'avant-garde
de notre armée !

Déjà vous êtes fort embarrassé de votre conquête.
Vous croyez avoir tranché les difficultés politiques en
faisant d'elle une sorte de fief relevant de votre empereur, et vous avez fixé à cet *état transitoire* une durée
de deux ans (1er janvier 1873). Mais les difficultés
industrielles et commerciales, quelle solution transitoire ou définitive leur donnerez-vous? (1)

Vous, qui osez vous dire le Messie d'une civilisation

(1) *P. S.* — Les événements ne justifient que trop nos
prévisions.

nouvelle, fondée sur le droit et le devoir, sur la liberté et la justice, vous ressuscitez le vieux *droit de conquête*, et, à l'encontre de tous vos *devoirs*, vous foulez aux pieds le *droit national*, la *liberté* et *la justice*, en pre-nant possession d'une population qui ne veut pas se donner à vous !

Vous avez fait des progrès depuis 1864, monsieur le prince. A cette époque vous preniez l'engagement so-lennel et sincère — nous voulons le croire pour votre honneur — *de faire voter* les habitants du Schleswig du nord sur la question de leur nationalité ; aujour d'hui vous déclarez nettement que vous vous emparez de l'Alsace et de la Lorraine contre le vœu, contre la volonté de leurs habitants !

A la vérité, ayant reconnu que *la force prime le droit* — et l'honneur, paraît-il — vous vous êtes abstenu de tenir votre engagement de 1864 ! soit ; mais alors ayez donc le courage de déclarer, à la face du monde, que vous êtes le restaurateur de la barbarie, ne reconnais-sant d'autre droit que la force brutale, et n'ayez pas l'impudeur de vous dire le Messie d'une civilisation nouvelle fondée sur le droit, le devoir, la liberté et la justice !

IV. — Le voilà donc constitué, cet empire d'Allema-gne qui va faire revivre les empires de Charlemagne et de Charles-Quint !

*Constitué !* — Non. L'empire d'Allemagne de M. de Bismarck n'est qu'un château de cartes bizeauteés, n'ayant ni base, ni cohésion !

Un gouvernement ne peut être qu'*unitaire* ou *fédé-ratif*.

Le gouvernement unitaire peut être une *monarchie absolue* comme la Russie, une *monarchie parlementaire et constitutionnelle* comme l'Angleterre, l'Italie, etc., ou une *République*, comme la République française de 1793 et de 1848.

Le gouvernement fédératif ne peut être qu'une *République*, comme les États-Unis d'Amérique ou la Suisse, sous peine de n'être, comme l'Autriche actuelle, qu'un Empire hétérogène, déchiré par des discordes intestines, et toujours menacé d'une dissociation violente.

Quelle est la forme qu'a donnée à *son* Empire d'Allemagne, M. le prince de Bismarck?

Il aurait voulu, mais il n'a pas pu, lui donner la forme d'un Empire unitaire absolu.

Il aurait pu, mais il n'a pas voulu, lui donner celle d'une République unitaire ou fédérative.

Il en a fait un Empire qui n'est ni sérieusement unitaire, ni sérieusement fédératif, ni sérieusement absolu, ni sérieusement constitutionnel ; il en a fait un pastiche de toutes formes et de toutes couleurs, un caméléon politique et social, et à ce point de vue, nous aussi nous pouvons dire : « Berlin est une maison de » fous peuplée par des singes ! »


Lorsque de 1850 à 1864 nous avons parcouru l'Allemagne, partout, dans les villes comme dans les plus modestes villages, nous avons entendu retentir à nos oreilles ce cri : *Einheit, unité.*

Quelle était la signification de ce cri?

Ce cri voulait dire : abolition des douanes locales et des passe-ports ; unification des poids, des mesures, des monnaies, des lois. Voulait-il dire également unification gouvernementale, c'est-à-dire politique et militaire?

Sur ce point, l'on était fort divisé en Allemagne, et nous avons entendu un grand nombre d'hommes éminents exprimer des opinions très-contradictoires. Que si l'on mettait en question la forme politique de l'union allemande (*Nationalverein*) alors l'unanimité était complète. Tous reconnaissaient que la monarchie unitaire absolue était impossible; qu'une monarchie fédérative, composée d'États autonomes et constitutionnels était non moins impossible, et que l'union politique de l'Allemagne ne pouvait être réalisée que par une République, unitaire ou fédérative.

Le Congrès réuni à Francfort sur la proposition de l'Empereur d'Autriche avorta misérablement, et l'Union allemande fut dès lors considérée comme une utopie, dont la réalisation se ferait encore attendre longtemps.

Mais M. de Bismarck, qui avait eu soin d'empêcher le roi de Prusse d'assister au Congrès de Francfort, nourrissait déjà les projets ambitieux qu'il vient de réaliser.

En 1863-1864, la guerre du Danemarck lui fournit l'occasion d'établir l'indépendance de la Prusse, et sa suprématie sur l'Autriche et sur la Confédération germanique.

En 1866, l'inexécution par la Prusse, du traité de Vienne suscita de graves difficultés, et M. de Bismarck eut l'habileté de forcer François-Joseph à prendre l'initiative de la déclaration de guerre. Napoléon II commit la faute de ne point contracter une alliance offensive et défensive avec son impérial confrère.

La guerre de 1866 permit à M. de Bismarck d'annihiler l'Autriche, en tant que puissance allemande, et d'établir la domination de la Prusse sur une partie de l'Allemagne transformée en *Confédération du Nord*. Le traité de Prague établit comme ligne de démarcation le cours du Mein, et laissa à *l'Allemagne du Sud* le droit de s'organiser à son gré.

De 1866 à 1870, M. de Bismarck commit de nombreuses et impudentes infractions au traité de Prague. Il ne respecta ni la ligne du Mein, ni l'indépendance et les droits des États du Sud. Il provoqua insolemment et l'Autriche, et la France, et toute l'Europe.

Déclarant hautement que la force prime le droit, et la foi jurée, et les engagements les plus solennels, le *condottiere* politique continua de fouler à ses pieds le traité de Vienne de 1864, et ne voulut tenir aucun compte du traité de Prague de 1866.

La France, intervenue au traité de Prague, aurait eu cent motifs légitimes de déclarer la guerre à la Prusse, et dans ces circonstances elle aurait pu compter, tout au moins, sur la neutralité de l'Autriche et des États du Sud.

Mais Napoléon III, que ne pressaient pas encore ses intérêts personnels et dynastiques, ne voulut point prendre à lui seul, à ce moment, l'initiative et la responsabilité qu'il n'a pas craint d'assumer sur sa tête plus tard, dans des circonstances beaucoup moins favorables. Il fit des ouvertures à l'Autriche, mais François-Joseph, engagé dans d'inextricables difficultés résultant de l'hétérogénéité de son Empire, et craignant d'avoir à subir les conditions de ses *sujets* de Hongrie et de Bohême, refusa nettement d'intervenir.

Et la France perdit la meilleure occasion qu'elle ait jamais eue de se soustraire, et avec elle l'Europe, à la domination de M. de Bismarck, au profit du droit, du devoir, de la liberté, de la justice et de la véritable civilisation.

En 1870, — et plus nous avançons dans cette étude, plus nous sommes conduit à nous demander si par quelque machiavélisme secret M. de Bismarck n'est pas arrivé à faire prendre à Napoléon III l'initiative d'une guerre que lui-même désirait sans oser la déclarer, — en 1870, M. de Bismarck, entraîna à sa suite l'Allemagne du Sud encore placée sous le coup de ses défaites et de ses terreurs de 1866, et nos désastres lui ont donné la force, sinon le droit, de réaliser son rêve : la constitution d'une espèce d'Empire d'Allemagne féodal, placé sous la suzeraineté du roi de Prusse.

Eh bien ! cet Empire d'Allemagne n'est pas viable !

Eh quoi ! monsieur de Bismarck, vous croyez que ces peuples qui, sous des gouvernements doux, humains et relativement libéraux, jouissaient des bienfaits de la paix et d'une prospérité croissante, voyaient florir les sciences, les lettres et les arts, sacrifieront pour votre plus grande gloire personnelle et celle de votre maître, leur or, leur sang, leur liberté et leur bonheur !

Vous croyez que ces rois, que ces grands-ducs que vous avez réduits au rôle de mannequins ridicules, dépouillés de toute puissance réelle, de tout prestige, de toute autorité, resteront courbés sous votre joug de vassalité !

Vous croyez que c'est par ces hontes et par ces misères que l'*affection prussienne* pourra conquérir l'amour des Bavarois, des Wurtembergeois, des Saxons. des Hessois qui haïssaient les Prussiens dès avant 1866 et qui, aujourd'hui, les exècrent, en rongeant leur frein !

Et vous croyez qu'au mieux aller cet état de choses survivrait au roi Guillaume, à M. de Moltke et à vous-même!

Prince de Bismark, vous croyez être le Richelieu de la Prusse.

Détrompez-vous : vous n'en êtes pas même le Mazarin !

Vous en êtes le Talleyrand, et votre Empire d'Allemagne ne vivra pas autant qu'a vécu l'Empire de Napoléon Ier.

## DES CONSÉQUENCES ACTUELLES ET ULTÉRIEURES DE LA GUERRE, AU POINT DE VUE DE LA FRANCE.

Nous le disons en toute sincérité, n'était la perte si douloureuse de l'Alsace et d'une partie de la Lorraine, nous ne nous plaindrions pas de nos défaites et de nos désastres.

Les Allemands nous ont rendu deux immenses services :

Ils nous ont délivré de l'homme de Strasbourg, de Boulogne, du deux Décembre et de Sedan ; ils nous ont épargné les dangers, les malheurs et la honte ridicule d'une régence de l'Impératrice.

Ils ont donné à la France une leçon devenue urgente pour l'arracher à une dissolution complète s'accomplissant au milieu des turpitudes du Bas-Empire.

Sans doute notre orgueil national a reçu un rude échec, mais il l'a mérité par sa légèreté, son outrecuidance, sa forfanterie, sa mollesse, son manque de patriotisme.

Cet échec doit devenir l'instrument de notre réorganisation militaire et de notre régénération sociale.

L'épreuve est solennelle et décisive ; elle nous montrera si les Français sont devenus des ilotes et des lâches, si la France, frappée d'une décadence mortelle, est condamnée à périr par l'individualisme, par l'égoïsme, par l'indifférence politique et sociale, ou si, comme ces hommes robustes que frappe une grave maladie accidentelle, mais non constitutionnelle, la France, s'arrachant aux étreintes de la mort, doit redevenir la grande nation, plus forte et plus lumineuse que jamais !

Sans doute aussi, notre situation financière est pleine de périls, mais elle n'est pas désespérée. Les ressources de la France sont infinies, et le monde tout entier est intéressé à sa conservation et à sa prospérité (1).

Après tant de ruines, tant de désastres, cinq milliards, c'est une grosse somme ! Elle sera néanmoins facilement couverte si l'amour de la patrie n'est pas mort dans nos cœurs, si nous avons encore assez d'intelligence pour comprendre nos véritables intérêts, et si, conformément aux lois de la justice la plus élémentaire, un *impôt de guerre* fait payer la plus forte part de l'*indemnité de guerre* à ceux dont l'égoïsme, la courtisanerie, la lâcheté, le luxe insolent et corrupteur ont fait pendant vingt ans l'appui et la force de Napoléon III, et ont fini par lui inspirer la folle audace de sa dernière et criminelle entreprise !

Les *garanties de payement* exigées par M. de Bismarck sont les conditions les plus dures, les plus humiliantes, les plus désastreuses du traité de paix signé à Francfort, mais il dépend de la France de les subir pendant

(1). *P. S.* — La souscription à l'emprunt de deux milliards est venue démontrer la justesse de cette double assertion.

trois ans ou de s'en affranchir dans un bref délai.

Il faut que la France s'en exonère à tout prix et au plus tôt. C'est son premier devoir envers elle-même; c'est le premier témoignage de régénération qu'elle doit donner au monde.

Un *impôt de guerre* équitablement réparti — et l'on sait ce que nous entendons par ces mots — est la mesure qui s'impose le plus impérieusement et le plus immédiatement au gouvernement.

Les *emprunts nationaux* ont toujours été beaucoup plus que couverts, toutes les fois que Napoléon III a fait appel *à la confiance du peuple français* que, lui aussi, trouvait assez riche pour *payer sa gloire*. Que la nation française soit assez riche pour payer ses défaites, en rachetant son indépendance, sa liberté et sa dignité.

Que l'on vende, ou que l'on engage Saint-Cloud, Compiègne, Fontainebleau, Meudon, l'Elysée, le Palais-Royal, les Tuileries, le Louvre et les musées, et les forêts domaniales, et les diamants de la Couronne.

Que la France se dépouille, au profit de M. de Bismarck, elle n'en sera que plus belle et plus fière dans sa majestueuse et patriotique nudité.

Que dans six mois, qu'au premier janvier prochain au plus tard, le sol sacré de la patrie ne soit plus foulé par un seul soldat allemand, et la France aura déjà reconquis une situation qui lui vaudra les respects de l'Europe et l'admiration de la postérité!

L'éternel honneur serait, — dût-elle se saigner aux quatre membres et ne conserver de sang que la quantité strictement nécessaire pour conserver la vie — de s'acquitter par ses propres ressources, sans recourir aux *banquiers allemands*, ni même aux banquiers de l'Angleterre, de la Russie et de la Belgique. L'argent nous a démoralisés et perdus; que l'argent nous sauve et nous réhabilite(1) !

Ce premier devoir rempli, nous nous trouverons en présence de nombreuses obligations, plus difficiles et plus graves encore.

## DES MOYENS DE RECONQUÉRIR NOTRE PRÉPONDÉRANCE MILITAIRE, ÉCONOMIQUE, INTELLECTUELLE ET MORALE.

Loin de nous la pensée d'appeler de nos vœux une guerre de représailles et de vengeance! Non; c'est par de plus nobles moyens que la France doit reconquérir sa place dans le monde et dans la civilisation. Néanmoins, en présence de la situation présente de l'Europe, et au point de vue d'une guerre défensive, la prudence veut que la France, à un moment donné, puisse facilement et rapidement mettre sur pied quinze cent mille soldats solides et disciplinés.

Nous n'avons ni la compétence ni l'espace nécessaires pour discuter ici les conditions de notre réorganisation militaire, nous nous contenterons d'établir :

1° *Qu'en France*, le peuple ne peut être armé tout entier, qu'à la condition d'une confiance absolue et réciproque, d'une solidarité complète, entre lui et le gouvernement;

2° Que la République une et indivisible, démocratique et sociale, — dans le bon et véritable sens scientifique de ces mots — est la seule forme de gouvernement

(1) Nous reconnaissons toute l'étendue des difficultés qui se sont présentées et tout le mérite des immenses et patriotiques efforts accomplis par M. Thiers et par M. Pouyer-Quertier, mais nous regrettons que le peuple français n'ait pas été mis en demeure d'aller au delà.

qui puisse réaliser cette confiance et cette solidarité;

3° Que les qualités comme les vices des armées, soit permanentes, soit temporaires, depuis le soldat jusqu'au maréchal de France, depuis le commis aux vivres jusqu'à l'intendant général, depuis le garçon de bureau jusqu'au ministre, ne sont que le reflet, que l'expression des qualités et des vices de la nation considérée dans son ensemble.

De ces propositions, dont nul esprit sensé ne contestera la justesse, il faut conclure que la question de notre réorganisation politique, militaire et administrative, est étroitement subordonnée à celle de notre rénovation sociale.

Ici, c'est à meilleur titre que nous pourrions intervenir et exposer ce que nous ont appris, depuis quarante ans — nous étions bien jeune lorsque nous avons commencé à réfléchir — notre expérience et nos méditations. Mais *non est hic locus*. Si quelques années de vie nous sont encore accordées, et nous ne voudrions pas mourir sans avoir pu saluer la glorieuse résurrection de notre patrie tant aimée! nous développerons nos idées et nos doctrines dans l'ouvrage (1) que le libéralisme du gouvernement impérial ne nous a pas permis de terminer par la publication d'un quatrième volume consacré à l'*hygiène sociale*.

Qu'il nous suffise de rappeler qu'à la date du 8 septembre 1870, dans un article du *Siècle* intitulé les RÉFORMES URGENTES, nous avons adjuré le gouvernement du 4 septembre d'user des pouvoirs que lui don-

---

(1) Cours d'hygiène fait à la Faculté de médecine de Paris. 3 vol. in-8°, chez Asselin, éditeur, place de l'École-de-Médecine.

naient l'acclamation du peuple de Paris et le consentement de la France entière, pour :

Proclamer définitivement la République.

Décréter :

L'instruction primaire gratuite, obligatoire et laïque.

La liberté de l'enseignement supérieur.

La séparation complète de l'Église et de l'État.

La liberté des consciences.

L'élection et l'avancement des magistrats par les
votes de leurs pairs, et leur amovibilité.

Le rétablissement de la loi du divorce.

Si ces conseils avaient été suivis, aurions-nous à
déplorer les effroyables malheurs qui ont désolé la
France depuis le 18 mars 1871 ?

Ne nous abusons pas toutefois. Il ne suffit pas de
légiférer ; il faut déraciner les habitudes, transformer
les mœurs privées et publiques, et à ce point de vue
nous n'espérons rien des hommes de notre époque. La
gangrène est trop profonde et trop invétérée.

Le salut de la France est dans les générations futures ; ce n'est que par les enfants et par l'éducation
qu'on peut la sauver. C'est donc vers l'éducation et
l'instruction publiques que doivent se diriger les efforts
de tous les hommes intelligents, jaloux de l'honneur,
de la gloire et de la prospérité de la patrie.

De nos jours, la morale est exclusivement religieuse ; elle est présentée aux enfants comme la compagne de la foi, comme l'expression des devoirs de
l'homme envers Dieu. L'âge adulte arrive, la foi meurt,
et la morale avec elle.

Il faut faire entendre aux enfants la voix grave et

15

austère de la *morale indépendante ;* au lieu de demander à leur esprit la croyance aux mystères et aux miracles, il faut éclairer et élever leur intelligence par l'exposé rationnel des lois naturelles et sociales ; avant de leur enseigner leurs devoirs envers Dieu, il faut leur faire connaître les devoirs qu'ils auront à remplir envers eux-mêmes, envers leurs parents, envers leurs semblables, envers leurs concitoyens, envers leur patrie.

Il faut que la morale soit le code de la moralité privée et publique ; il faut qu'elle enseigne que le vrai, le grand, le seul bonheur sur cette terre est dans l'accomplissement du devoir et la satisfaction de la conscience. *Fais ce que dois, advienne que pourra.*

Au lieu d'entretenir les enfants des joies du paradis et des peines de l'enfer, il faut leur apprendre que la probité, la modération dans les désirs, l'abnégation personnelle, le dévouement, la générosité sont les meilleures joies de la terre.

Ce n'est que lorsque la France aura une population élevée dans ces idées, dans ces principes, qu'elle reprendra dans le monde et dans la civilisation le rang qui doit lui appartenir ; c'est alors seulement qu'elle pourra faire prévaloir les lois de la solidarité internationale et que les peuples attirés et séduits par son exemple, par l'aspect de sa prospérité, de sa grandeur intellectuelle et morale, s'uniront à elle pour former cette *République universelle* qu'appellent les vœux des démagogues, mais que leurs actes tuent avant qu'elle ne soit née !

Et alors l'Alsace et la Lorraine nous reviendront, et alors l'empire d'Allemagne de M. de Bismarck aura vécu et sera d'autant plus facilement remplacé par la

République, que M. le prince de Bismarck a eu l'intelligente attention de décréter que, pour assurer le payement de ses cinq milliards, des soldats allemands resteraient sur le sol français..... et y suivraient les leçons de l'école républicaine française.


LABOREMUS.

# ULTIMA VERBA

Passy, octobre 1871.

Nul ne connaît encore toute l'étendue des désastres qu'a subis la France ; il faudra bien des années pour effacer ceux qui sont réparables, mais combien qui sont irréparables et définitifs! Que de ruines privées et publiques!

Si les Allemands se font une idée exacte des malheurs qu'ils ont accumulés sur notre pays, ils doivent trembler à la pensée des sentiments de haine et de vengeance, des désirs de représailles qu'ils ont semés en France, et qui resteront suspendus sur la tête de l'Allemagne comme une redoutable épée de Damoclès.

Il n'est plus un pays de l'Europe qui puisse se livrer avec sécurité aux travaux de la paix ; dès que *la force prime le droit*, nous sommes rejetés en pleine barbarie, et voilà la *civilisation nouvelle* dont M. de Bismarck a doté le monde!

Villiers-sur-Marne présente toujours l'aspect d'une horrible dévastation ; ses maisons sont encore des décombres, ses habitants sont dans la misère, toutes les ressources que présentait la localité ont disparu.

Le service d'omnibus entre la station et Plessis-Lalande n'a pas été rétabli. M. Roger est dans l'impossibilité de faire à sa propriété des grosses réparations devenues plus urgentes que jamais, et cependant au lieu d'abaisser le prix de location il entend l'élever.

Ce que l'ennemi a laissé de Plessis-Lalande est encore la proie des pillards indigènes que nulle autorité ne contient, et qui ont perdu toute notion de droit, de justice, de propriété; la force prime tout.

Dans un pareil état de choses, il m'a été impossible de relever l'Institut hydrothérapique créé il y a six ans avec tant de soins et de peines, et j'ai dû l'abandonner, y perdant plus de 300,000 fr., représentés par des constructions, des appareils, des réparations et des embellissements de toutes sortes dont profite le propriétaire, et un matériel qui, ayant été brûlé, brisé ou volé, est perdu pour tout le monde, si ce n'est pour les voleurs.

« *C'est la guerre !* » disent les Allemands! Oui, mais c'est une guerre de barbares, de sauvages, et si elle ne devait pas être suivie d'un châtiment exemplaire, ce serait à désespérer de l'humanité.

Et à cette horrible guerre étrangère a succédé une guerre civile non moins horrible; et après toutes ces calamités les partis ne désarment pas; nul ne veut sacrifier ses opinions, ses convictions, ses préférences, ses intérêts au salut de la patrie !

Malheureux peuple! malheureuse France !

# TABLE DES MATIÈRES

Paris. — Imprimerie de E Donnaud, rue Cassette, 9.

www.ingramcontent.com/pod-product-compliance
Lightning Source LLC
Chambersburg PA
CBHW070800270326
41927CB00010B/2226